# Sport strategies from a marketing perspective

## マーケティング視点の
## スポーツ戦略

海老塚 修

創文企画

# はじめに

「体協」がその活動を開始してから100年以上が経過した。講道館の創始者であり、日本人として初めてIOC委員を務めた嘉納治五郎が中心となり、1911年（明治44年）10月7日に「大日本体育協会」が創立の運びとなった。翌1912年に開催が予定されていたストックホルムオリンピックの代表選手の選考のための組織整備が必須であったとされている。嘉納は設立趣意書の中で「我が国の体育の振興体制は、欧米諸国に比べ著しく劣っており、必然的に青少年の体格も劣弱の状況である。そのため、一大機関を組織し、体系的に国民の体育の振興を図ることが急務である。一方、オリンピック競技大会は、世界の文化の発展と平和に貢献するものである。したがって、オリンピック競技大会への参加に向けた体制を早急に整える必要がある。」と論じている。日本におけるスポーツプロモーションのまさに始まりである。

　明治維新以降、我が国にはさまざまな欧米の文化がもたらされた。文化を背景とした外来語の多くはEconomyを経済、Societyを社会というように見事に置き換えられ、日本語としても正しく定着した。しかし、嘉納の趣意書にもあるように体育あるいは運動と表現されても、Sportの本質である「楽しみ」「自発性」などは伝わらず、かえって個をないがしろにし、遊びごころを遠ざけることになりかねなかった。我が国の運動・競技がいささか自由度を欠き、枠からはみ出すことを避けるのはSportが適切に和訳されなかったことに問題の一端がありそうである。

　Sportはやはりスポーツと表現することが最も相応しいのでなないだろうか。

　永年の議論の末、2018年の4月をもって日本体育協会は日本スポーツ

協会に名称変更する。国民体育大会（国体）も国民スポーツ大会に変わることが決まった。とりあえず呼び名が変わるだけではあるが、我が国のスポーツ文化も少しづつ変化を遂げる可能性が感じられる。

スポーツのダイナミズムや情熱は心理的におおきな影響を及ぼす。喜び、落胆、達成感、感動。ひとびとがスポーツに惹かれる所以である。だからこそ関連産業が生まれ、そして成長するのである。スポーツ用品、メディア、IT、食品、飲料。スポーツが牽引するビジネス領域は広い。大学などの教育機関や地方行政、さらには国までもスポーツのパワーに期待を寄せる。

世界各国でスポーツマーケティングが広まっていく過程で、実にさまざまな試みが現実のものとなった。スポーツをより広げていこうというスポーツ組織の努力。スポーツによって読者やオーディエンスを囲い込もうというメディアの戦略。

スポーツでライバル企業に差をつけようと企画を練る大企業は、スポーツの参加意欲やシンパシーを差別化に生かそうと工夫に工夫を重ねてきた。

本書ではさまざまなスポーツを、市場の拡大やブランディングといった視点でレビューする。企業がスポーツのどのような可能性に着目して活用してきたのか。スポーツ団体は如何にしてすそ野を広げてきたのか。

理論ではなく、あくまでも実際のケースの検証を踏まえて評価することが目的である。

# マーケティング視点のスポーツ戦略 ［目次］

はじめに .................................................................................................................... 1

## ❶ オリンピックのマーケティング・コミュニケーション ................................ 5
近代オリンピックの成立 ......... 5
オリンピックの精神：オリンピズム ......... 9
IOC の改革施策 ......... 11
オリンピックを象徴するファイブ・リングス ......... 13
NOC マーク・大会マーク ......... 14
ロサンゼルスオリンピックの成功と教訓 ......... 16
TOP（The Olympic Partner）プログラム ......... 19
1964 年東京オリンピックとスポーツ・プロモーション ......... 22
結び：オリンピックの未来 ......... 26

## ❷ スポーツの普遍的価値 ................................................................................. 29
スポーツ産業の市場規模 ......... 30
スポーツ施設運営事業 ......... 31
スポーツ用品産業 ......... 32
世界のスポーツ市場 ......... 34
スポーツイベントの波及効果 ......... 36
スポンサーシップの評価 ......... 39
結び：キーワードとしてのスポーツ ......... 43

## ❸ プレゼンスとアクティベーション ............................................................... 45
タバコメーカーとスポーツの蜜月 ......... 46
アドボードというプレゼンス ......... 49
クリーンスタジアムと VIK ......... 52
スポンサーシップのアクティベーション ......... 54
結び：スポーツの内側からのマーケティング ......... 57

## ❹ シンパシーのスポーツマーケティング ....................................................... 59
シーグラムのソウルオリンピックキャンペーン ......... 60
フェアトレードとプロ野球の CRM ......... 62
オリンピック代表選手強化資金 ......... 64
クラウド・ファンディングで個人がスポンサーに ......... 68
結び：共感が生むモチベーション ......... 72

## 5 FIFAのグローバル・プロモーション ........ 75

ワールドカップの経済インパクト ........ 76
FIFA 公式マークの変遷 ........ 78
FIFA のグローバル・プロモーション ........ 81
サッカー・ディベロップメント・プログラム ........ 84
「ワールドカップ」のプラットフォーム化 ........ 89
結び：もう一つのワールドカップビジネス─代表チーム ........ 92

## 6 アンブッシュするスポーツマーケティング ........ 93

広告表現上のアイディア ........ 94
スポンサー間の調整が法廷に持ち込まれた ........ 95
メジャーイベント会場での便乗キャンペーン ........ 98
世界の目が釘づけになったプロダクト・プレースメント ........ 99
オフィシャル・スポンサーの活動に真っ向から挑んだケース ........ 101
結び：2020 年東京オリンピック・パラリンピック ........ 107

## 7 市民マラソンのプロモーション ........ 111

マラソンという競技種目 ........ 112
新聞社が仕掛けたマラソンや駅伝の大会 ........ 112
市民ランナーとマラソンブーム ........ 118
皇居ランニングの特徴 ........ 119
ジョギングとヘルスケア ........ 121
市民マラソン大会の展望 ........ 124
結び：ホノルルマラソンから学ぶ ........ 126

## 8 メディアのスポーツマーケティング ........ 129

新聞社によるスポーツ大会の立ち上げ ........ 130
テレビ放送権の拡大 ........ 134
結び：広告メディアのデジタル化の影響 ........ 139

## 9 パブリック視点のスポーツマーケティング ........ 141

スポーツ都市宣言で何を目指す ........ 142
スポーツツーリズムの広がり ........ 146
結び：自然環境の恩恵 ........ 155

おわりに ........ 157
参考書籍／参考定期刊行物 ........ 159
著者紹介 ........ 160

# オリンピックの
# マーケティング・
# コミュニケーション

　国際オリンピック委員会（IOC）が成立したのは19世紀末、1894年である。IOCに先がけて活動を開始したスポーツ団体としては体操連盟がある。1881年にベルギー、フランス、オランダの体操指導者が集まり欧州連盟がつくられたようだが、賛同する国は限られた。IOCは事実上世界で初めて組織された国際スポーツ団体である。

　IOCが立ち上がった2年後に開催された第1回オリンピック大会は、古代オリンピックに対して近代オリンピック（Modern Olympics）と称された。この大会の実現は以降のスポーツの在り方に多大な影響をもたらすことになったのである。

　スポーツマネジメント、あるいはスポーツのマーケティングやコミュニケーションを議論する上でオリンピックは多くの点で基本であり、原則を示すものといえる。

　オリンピックを多角的に検証することにしよう。

## 近代オリンピックの成立

　オリンピック以前、さまざまなスポーツの競技会は国内の催し物という位置づけだった。外国の選手やチームとの競技が行われることがあっても、

基本的には 2 国間の対抗戦の形式であった。オリンピックは初の多国間競技大会である。

IOC が活動を開始する前提として、加盟国には国内のスポーツを統括する組織体の成立が求められた。その後の国内オリンピック委員会（NOC）である。これにより国ごとのスポーツ組織整備が進展し、代表選手の選出のための国内選手権なども制度化された。

国内のスポーツ団体が機能するにつれ、競技ごとの国際団体（IF）が成立するようになった。国際サッカー連盟（FIFA）が 1904 年、国際水泳連盟が 1908 年、国際陸上競技連盟（IAAF）が 1912 年に設立された。IF が機能して初めて世界選手権のような公式国際大会が開催できるのだが、第 1 回のサッカーのワールドカップが行われたのは FIFA 成立の 26 年後、1930 年である。

FIFA ワールドカップは夏季オリンピック大会とは重ならない偶数年に開催されるが、アジア大会（Asian Games）やサッカーのヨーロッパ選手権（EURO）など 4 年ごとに開催される国際スポーツ大会は数多い。そのような開催サイクルの基本になっているのもオリンピックであり、古代オリンピックが 4 年ごとに開催された故事に則り定められたのである。

オリンピックはそもそも何を目指したのか。近代オリンピックにおけるマーケティングを議論するならば、そこから始めなくてはならない。


ピエール・ド・クーベルタン男爵（Pierre de Frédy, baron de Coubertin 1863-1937 年）の努力により近代オリンピックの第 1 回大会がアテネで開催されたのは 1896 年であった。クーベルタンが表だってオリンピック実現への活動を開始してから 4 年後の成果である。彼はどのようにして壮大なテーマを構想し、スポーツの祭典によって何を遺そうとしたのだろうか。

クーベルタンはフランスの貴族の家系に生まれた。貴族社会の価値体系、すなわち「高潔な行為、輝かしい模範、惜しむことのない犠牲」を自身の行動規範とし、それを顕す場としてフランスの中等教育改革に関心を持つようになった。誕生日は 1863 年 1 月 1 日。文久 3 年、すなわち大政奉還

**1** オリンピックのマーケティング・コミュニケーション

写真1　ピエール・ド・クーベルタン男爵
写真提供：フォートキシモト

の4年前である。

　ナポレオン3世が治めていたフランスは1871年、普仏戦争でプロイセンに敗れアルザス・ロレーヌの割譲という辛酸を舐めていた。アルフォンス・ドーデの小説『最後の授業』の舞台にもなった有名な歴史の1ページである。

　当時、フランスでベストセラーとなった書籍に、イポリット・テーヌ著の『イギリス・ノート（Notes on England）』というイギリスとイギリス国民を分析した渡英報告があり、クーベルタンは、この本を読んでイギリスの中等教育、特にハーロー、イートン、ラグビー校などのパブリックスクールの教育に注目したのであった。イギリス・ノートに先駆けて出版された小説『トム・ブラウンの学校生活』（1875年、トーマス・ヒューズ著、日本語版　前川俊一訳）もラグビー校と校長のトーマス・アーノルド（Thomas Arnord）がストーリーの中心である。

　イギリスのパブリックスクールでは、19世紀後半からスポーツに人格

形成の教育的手段としての意義を認めるアスレティシズム（スポーツ礼賛主義）が広まりつつあり、課外活動としてフットボール、クリケット、陸上競技、漕艇などのスポーツが奨励されていた。対校試合のためのルール整備や、競技団体の組織化もパブリックスクール出身者たちの手で進められ、パブリックスクールは近代スポーツ誕生の舞台とも言われている。

　テーヌの本を読んだクーベルタンはイギリスの教育に感銘を受け、自らも渡英してラグビー校を訪問した。20代前半のときである。そこでは生徒の自治によって運営される寄宿舎生活や、自由と規律を両立させて生き生きと運動部活動をしているのを目の当たりにし、フランスの中等教育にイギリスの教育、とくにスポーツ教育の理念を取り入れ、実践するべきだと思うに至った。この背景には、当時のフランスのリセ（日本の高校に類する存在）での中等教育が知識偏重型で、生徒たちが身体的に脆弱であったことへの危機感があったとされる。

　帰国後、行動を起こしたクーベルタンは文部大臣のジュール・シモン（Jules Simon）に働きかけスポーツ・プロモーションのための委員会を設

表1　ピエール・ド・クーベルタンの足跡

| 年 | 功績 |
|---|---|
| 1883 | イギリス　ラグビー校他パブリックスクール視察 |
| 1888 | 論文「イギリスにおける教育」発表 |
| 1888 | 「教育における身体訓練普及委員会」（シモン委員会）事務局長就任 |
| 1889 | 「フランス体育スポーツ協会連合（USFSA）」事務局長就任 |
| 1889 | 身体運動に関する国際会議開催（パリ万博） |
| 1890 | イギリス（マッチウェンロック）オリンピアンゲーム視察 |
| 1892 | 「ルネッサンス・オリンピック」スピーチ |
| 1894 | 第1回IOC総会オリンピックの復活の決議（パリ万博） |
| 1896 | 第1回アテネオリンピック開催 |
| 1896 | クーベルタン　IOC会長就任 |
| 1900 | 第2回パリオリンピック開催 |
| 1915 | IOC本部　パリからローザンヌに移転 |
| 1924 | 国際冬季スポーツ週間・シャモニー（第1回冬季オリンピック）開催 |

# 1 オリンピックのマーケティング・コミュニケーション

立。各国のスポーツ関係者との交流も生まれた。当時、ヨーロッパでは古代ヘレニズム文化への憧れが遺跡の発掘を後押ししており、オリンピアのゼウス神殿の発見が伝説だった古代オリンピックの実在を証明した。フランス国内のスポーツ振興を模索していたクーベルタンは、オリンピック競技こそが若者の心身を鍛え、さらに相互理解とリスペクトにより平和が実現できる、という考えに辿り着いたのである。オリンピズムである。1892年11月、パリのソルボンヌ大学においてクーベルタンは「ルネッサンス・オリンピック」と題して講演を行った。その後も各国で開催された万国博覧会などに赴き、説得を続けた結果アテネでの第1回近代オリンピック大会の開催が実現したのである。

## オリンピックの精神：オリンピズム

オリンピズム（Olympism）は古代のオリンピックを近世に蘇らせたスポーツにおけるルネサンスの精神である。すなわち「スポーツを通して心身を向上させ、さらには文化・国籍など様々な差異を超え、友情・尊敬、連帯感、フェアプレーの精神をもって理解し合うことで、平和でよりよい世界の実現に貢献する」ことである。このオリンピズムを実現させるため

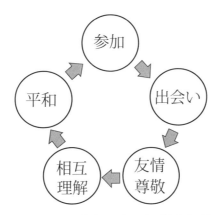

図1　オリンピズムの考え方（筆者作成）

の活動を「オリンピック・ムーブメント（Olympic Movement）」と表現している。そして、オリンピック・ムーブメントの象徴的な催事がオリンピック競技大会（Olympic Games）である。IOCの活動目標はオリンピック大会の開催ではなく、オリンピズムの推進なのである。

　日本オリンピック委員会（JOC）主導のオリンピック・ムーブメントとしては「オリンピックデー・ラン」と「スポーツ祭り」がある。1894年6月23日、パリで近代オリンピックの復興とIOCの創設が決議されたことを記念してIOCはこの日を世界共通の「オリンピックデー」と定め、各国内オリンピック委員会（NOC）にこの日を中心としてオリンピック・ムーブメントの普及・啓発のためのイベントを実施するよう要請している。JOCが継続してきたオリンピックデー・ランは、オリンピアン（オリンピックに出場経験のあるアスリート）と一緒に参加するジョギングを中心とした体験型イベントで、毎年10地区程度で開催される。一方、スポーツ祭りは、1964年の東京オリンピックに因んで制定された「体育の日」に日本体育協会と連携して開催している家族連れを対象とした催しで、オリンピアンが子供と一緒に、さまざまなプログラムで見本を示しながら指導し、スポーツの楽しさ、体を動かすことの面白さを知らせる一般参加型イベントである。

　草の根的なオリンピック・ムーブメントは言うまでもなく大切だが、オリンピック大会（Olympic Games）の圧倒的な注目度はオリンピズムの推進において絶大な力を発揮する。IOCは1924年のパリオリンピックの年に「国際冬季スポーツ週間（International Winter Sports Week）」としてフランスのスキーのメッカ、シャモニー・モンブランで冬季競技大会を開いた。翌1925年のIOC総会で冬季オリンピックを夏の大会と同じ年に、原則同じ国で開催することを決定し、遡ってシャモニー・モンブランを第1回の冬季オリンピック大会として承認したのである。これにより、オリンピック競技種目はその範囲を広げ、オリンピック開催数も当然倍増した。「オリンピック」はそれだけ人目に触れる機会（露出）が増すことになったの

**1** オリンピックのマーケティング・コミュニケーション

である。

## IOC の改革施策

　比較的近年になって IOC はオリンピックの開催に関する更なる改革を
実行に移してきた。冬季オリンピックの開催年の変更、ユース・オリンピッ
クの導入、開催都市選考過程の改善、などが成果として挙げられるだろう。
改革は、オリンピックに何らかの関わり合いを持つ「機会の創出」と「露
出の拡大」に重きを置いたものである。

### 冬季オリンピック

　1924 年に第 1 回大会が開かれて以降、1992 年のフランス、アルベール
ビルの第 16 回大会まで、冬季オリンピックは夏季大会と同じ年の 2 月に
行われてきた。その間、第 2 次大戦のため 1940 年と 1944 年が中止となっ
たが、実は 1940 年の開催地に決定していたのは札幌市である。

　アルベールビルを境に IOC は大胆な変革を実行した。本来であれば
1996 年に開くことになる次の第 17 回大会の開催年を 2 年繰り上げ、1994
年としたのである。この影響は絶大であった。それまで 4 年ごと夏・冬の
大会が行われる年を中心にオリンピック関連情報が増加し、興味が喚起さ
れ、その後は関心が薄れるサイクルが繰り返されてきたが、1994 年以降
は興味のピークが 2 年ごとに訪れるようになった。オリンピックに関する
ニュースはコンスタントに発信され、人々のオリンピックに対する関心は
常に一定レベルに保たれるという好影響、すなわち「露出の拡大」を生み
出したのである。

### ユース・オリンピック

　2007 年の IOC 総会において提案、承認されたのが 14 歳から 18 歳のア
スリートを対象にしたユース・オリンピック大会（Youth Olympic Games）
の開催である。

*11*

表2　ユース・オリンピック開催都市

| 年 | 夏季大会 | 年 | 冬季大会 |
|---|---|---|---|
| 2010 | 第1回　シンガポール | | |
| | | 2012 | 第1回　インスブルック |
| 2014 | 第2回　南京 | | |
| | | 2016 | 第2回　リレハンメル |
| 2018 | 第3回　ブエノスアイレス | | |
| | | 2020 | 第3回　ローザンヌ |

　ユース・オリンピックは従来のオリンピックに比べればはるかに規模が小さく、既存の競技施設を原則活用することで経費も押さえている。特に夏のユース・オリンピックはオリンピック招致実績がない都市で行うこととし、IOCのアドバイスを得て（オリンピックを）開催する経験を得ることも重視している。

　ユース・オリンピックは10代のアスリート、特に開催国の若者に世界に挑戦する機会を与えるだけでなく、開催国の行政、スポーツ団体、メディア、そして住民にオリンピックに接する場を提供する体験型イベントと言ってもよいだろう。オリンピックが一握りの国、特別なアスリートのためのものでは無いことをアピールし、積極的に「機会を創出」しているのである。

## 開催都市選考プロセス

　1998年に発覚した2002年ソルトレークシティ冬季オリンピックの招致を巡るスキャンダルを受けて、IOCは1999年から開催都市の選考プロセスを改めた。改定された選考方法はオリンピック憲章の第5章34則で定められ、2段階の構成となった。

　第1段階で、開催を希望する都市は当該国内オリンピック委員会（NOC）を通じてIOCに届け出る。立候補を申請した都市は「申請都市」（Applicant city）として、開催計画の概要を記した「申請ファイル」の提出を求められる。IOCの専門委員会が申請ファイルをチェックし、各都市を項目ごとに点数

で評価する。IOC の理事会において 1 次選考が行われ、専門委員会の評価を基に開催能力のある 3 ～ 5 都市を絞り込み、これを正式な立候補都市とするのである。

第 2 段階では、IOC 委員が開催都市に調査に訪れ、実地調査とヒヤリングを実施する。そのレポートを参考にしながら、開催の 7 年前の IOC 総会での投票で決定することになる。

この方式は候補都市からの IOC 委員に対する過剰な接待や収賄を防ぐ狙いがあったが、最終投票までのプロセスが長期にわたってメディアを賑わす副次効果も生まれたのである。

## オリンピックを象徴するファイブ・リングス

国際オリンピック委員会（IOC）はオリンピックを象徴するもの（オリンピックシンボル）として 3 つ上げている。そのひとつはオリンピックモットーの「より速く、より高く、より強く（Citius, Altius, Fortius）」、もうひとつはオリンピックの炎（聖火）、そしてファイブ・リングス（Five Rings 5 つの輪、あるいは単に The Rings）である。

我が国の活字メディアで頻繁に用いられる五輪という 2 文字の表記あるいは表現が使われたのは、1936 年の IOC 総会において 1940 年夏季オリンピックの東京開催が決定した折が最初である。当時、讀賣新聞の運動部記者であった川本信正（1907 ～ 1996 年）は「五輪」という略称的当て字を考案して記事に使用し、その後五輪はメディアの枠を超えて定着した。菊池寛の随筆に宮本武蔵の五輪書に関するくだりがあり、川本はそこから思いついたとされている。現在、五輪書を思い浮かべる一般市民は限られると思うが、活字の数に常に気を配る新聞の編集には「五輪」は大変ありがたい表現である。

ファイブ・リングスは、単色または五色（左から青・黄・黒・緑・赤）の輪を重ねて連結した形で、ヨーロッパ、南北アメリカ、アフリカ、アジア、オセアニアの五大陸と、その相互の連帯を意味するとされるが、どの

写真2　祭壇の紋章（ギリシャ、デルフォイ）

色が特定の大陸を象徴するものではない。クーベルタンが古代ギリシャ時代の都市国家のひとつで、「神託」で知られるデルフォイ（Delphi）の祭壇に刻んであった紋章から着想を得、5色に色づけした。色をつけたのはクーベルタンのオリジナルである。1913年には彼専用の便箋のデザインに採用し、1914年のIOC創設20周年記念式典で正式に制定された。現在でも世界中で最も認知度が高いデザインのひとつだろう。

　ファイブ・リングスの法的所有者はIOCであり、国内オリンピック委員会（NOCs）は管轄する各国市場での著作権の管理代行を委任されている。

## NOCマーク・大会マーク

　日本オリンピック委員会（JOC）がファイブ・リングスと日の丸をあしらった公式マークを採用しているように、世界のNOCは個々に独自のマークを開発し、告知や啓発活動に使用している。これは前出のオリンピック・ムーブメントを推し進めることが第一義的目的である。各国NOCのマークに対して、IOCが所有するファイブ・リングスを区別するため「単純五

**1** オリンピックのマーケティング・コミュニケーション

輪」と称する場合があるが、単純五輪は IOC の許諾なしには NOC といえども使用することは出来ないので要注意である。

オリンピックに関するマークとしては、上記に加えて夏季大会、冬季大会の公式エンブレムとマスコットがある。OCOG マークとも呼ばれ、OCOG とは、Organizing Committee for the Olympic Games、オリンピック大会組織委員会のことである。各大会は 4 年ごとに開催されるので、デザインとしてのライフスパンは単純五輪や NOC マークに比べれば短いが、世界が注視するビッグイベントとともに記憶されるのでインパクトは大きく、ビジネスチャンスも広がる。特にマスコットは開催国内において人気者になる可能性を秘めている。

このようにオリンピックを象徴するデザインは複数存在し、場所（国）、時間軸において人々の認知も変化するものである。

夏季・冬季のオリンピック大会組織員会は公式エンブレムとマスコットの商業利用を根幹に据えてスポンサーの獲得などの資金調達活動を行ってきた。組織委員会の権益が及ぶのは開催都市の所在する国内にとどまるため、スポンサーやライセンシーのビジネス領域も原則自国内に限られる。例外的に、開催国以外の国・地域の NOC が何らかの条件（金銭など）に応じ、許諾した場合のみ他国でのマーケティング活動に活用可能になる。

各 NOC は NOC 公式マークの使用権をベースに自国内でマーケティング活動を行うケースがある。最も盛んな国のひとつであるアメリカでは、アメリカ・オリンピック委員会（USOC）の年間収入の 31％以上となる約 1 億 400 万ドルが「チーム USA」スポンサーの協賛金で賄われている（2016年度）[1]。わが国でも 1979 年に「がんばれニッポン！」キャンペーンが始まり、数多くの企業が JOC のスポンサーとなった。各 NOC にとって独自のマーケティング活動はナショナルチーム（代表）の選手強化につながるだけでなく、スポーツ振興のための資金源として重視される。必ずしも特定のオリンピック大会を目標にせず、恒常的に展開しなければならないマーケティングといえよう。

*15*

このように見てくると、オリンピックのマークの利用価値は一様ではなく、IOCにとってはオリンピックブランドの維持と統一、組織委員会にとっては大会運営費の獲得、各NOCにとっては国内のスポーツ振興・強化と、必ずしも相容れない複数の目的が存在することが理解できるだろう。

## ロサンゼルスオリンピックの成功と教訓

　1970年代から1980年代にかけてのオリンピック大会は、1972年のミュンヘンでのテロ発生や、1976年のモントリオールでの反アパルトヘイト・ボイコットなどが相次ぎ、開催自体のリスクが高まっていった。そしてそのリスクが頂点に達したのが1980年のモスクワ大会である。ソ連（当時）のアフガン侵攻に抗議するとしてアメリカ、日本など60か国が参加を見送ったのだが、実はロサンゼルスはモスクワの対抗馬として立候補し、敗れていた。そして再度挑戦した結果1978年のIOC総会において夏季オリンピックの開催権を得たのである。

　ロサンゼルスの開催要件は実に驚くべきものだった。アメリカは公的資金援助を一切行わず、全てを民間の運営に委ねるというのだ。事実、ロサンゼルス市民の何と83％がオリンピックに反対していたのだ。IOCとしてはにわかに認めがたい条件だったが、他に候補都市がない状況では「民営化」を受け入れるしか選択肢はなく、数か月を要した交渉の末1984年のオリンピックはロサンゼルスに正式決定した。

　ロサンゼルスのオリンピック招致委員会はこの未経験の大プロジェクトの推進を任せる人材を探していた。そして候補者として浮上したのが旅行

表3　夏季オリンピック開催都市（左端太字）

| 開催年 | 決定年（IOC総会） | 立候補都市 |
|---|---|---|
| 1976 | 1970 | **モントリオール**　モスクワ　ロサンゼルス |
| 1980 | 1974 | **モスクワ**　ロサンゼルス |
| 1984 | 1978 | **ロサンゼルス** |
| 1988 | 1981 | **ソウル**　名古屋 |

**■ オリンピックのマーケティング・コミュニケーション**

業ファースト・トラベルを自ら立ち上げ、全米2位の業績（1位はアメリカン・エキスプレス）にまで会社を成長させたピーター・ユベロス（Peter V. Ueberroth 1937年〜）である。ユベロスはカリフォルニアで大成功を収めていたディズニーの方式を参考にしてビジネスモデルを描いたといわれている。オリンピックをスポーツ大会というよりエンタテインメントとしてとらえ、企業や市民、そしてメディアに対してアプローチしようと考えたのである。国家の威信など関係ない。ユベロスのロサンゼルスオリンピック組織委員会（LAOOC）委員長としての活動はビジネス的合理性を追求するものとなった。

1976年のモントリオールオリンピックは、628社にも上る企業からのサポートを得たにもかかわらず大きな赤字を抱える結果となった。そのうち42社はオフィシャル・スポンサーとして合計500万ドルの支払いと1,200万ドル相当のプロダクトサプライ（無償物品提供）を行った。しかし、これは収入全体（4億3,000万ドル）の3％にも満たない額に過ぎなかった。ユベロスはこのようなメリハリのないやり方ではだめだと考えた。そして、カテゴリー（業種）を絞り、独占排他権を前面に出してスポンサーセールスを行うこととした。オリンピックスポンサーシップの希少性を価値に置き換えて企業を口説くことにしたのである。

ユベロスはテレビ放映権や入場券の販売でも如何なく商才を発揮し、スポンサーシップやライセンシングと合わせ2億3,250万ドルにものぼる多額の余剰金を生み出した。コカ・コーラ、IBM、マクドナルド、ゼロックス、SouthLand（セブン・イレブン）他30社を超す企業がオフィシャル・スポンサーとして契約した。

日本企業の大会協賛も数社が決まり、各社のマーケティングが始まると思いもかけなかった問題が勃発した。「NOCアクセス」である。契約締結したからには開催国アメリカ以外でもオリンピック関連キャンペーンが始動する。問題は、電通を介してオフィシャル・サプライヤー契約を締結したブラザー工業が大会エンブレムを活用した広告を出稿しようとしたとこ

*17*

ろオーストラリア・オリンピック委員会からクレームが入って発覚したのだ。オリンピック関連マークの許認可は各国のオリンピック委員会（NOC）が握っている。それは自国のマークにとどまらず、外国で開催されるオリンピック大会マークも含むことに関係者は改めて気づかされたのである。

ロサンゼルスオリンピックの日本における独占エージェント権を取得していた電通は、人口、経済力等の指数を算出し、その比率をもとに各国NOCに承認権料を提示した。努力の甲斐あって92か国のNOCのアクセス（利用する権利）を取得でき、幸いスポンサー・サプライヤー各社のマーケティング計画にほとんど支障は生じなかったのである。

ロサンゼルスオリンピックは、基本的にはアメリカという巨大な市場を対象にしたマーケティング機会としてとらえられていた。アメリカ企業でも国際展開を行っている企業は、個々のニーズに応じてアメリカ以外の国のNOCアクセスを獲得し、広告や販促活動にスポンサーとしての権利を利用して差別化を行った。その際、絶対に必要なのは公式エンブレムやマスコットなどのビジュアルアイテム（マーク）とスポンサーとしてのステイタスを示す「称号」である。マークと称号を活用して広告や販売促進など、マーケティング・コミュニケーションをはかるのである。

夏季オリンピック大会は28競技プラス5種目の開催国希望種目、冬季大会は7競技プラス3種目の開催国希望種目が実施される。通常のスポーツイベント会場ならば、フィールド上にアドボードが設置され、ナンバーカードにはブランドロゴがプリントされるがオリンピックではNOである。屋内、屋外を問わずあらゆる競技種目の実施会場及びその上空における広告露出・掲出はオリンピック憲章で厳に禁じられている。例外は競技に直接関係するメーカーのブランドマークである。これらの表示は以下の通り条件付きで許されている。

・ヘッドギア（帽子を含む）やグラブの表面は6㎠以内（例えば2cm×3cm）

・ウエア（シャツ、パンツ）は20㎠以内（例えば4cm×5cm）

・シューズは6㎠以内（例えば1.5cm×4cm）但しメーカーの独特のデザインは認める

・用具は表面積の 10% 以内でかつ 60㎠以内（例えば 3cm× 20cm）

このようなルールがあるのでオリンピックのマーケティングにおいては尚更マークの使用権が重要になってくるのである。

オリンピックは、他に比較の対象がない素晴らしいブランド力がある。「友情」、「平和」、「公平」などのポジティブなイメージを世界各国の人々がオリンピックに対して抱いていることが調査・分析の結果明らかになっている（The Power of Brand Olympics, IOC）[2]。そのグローバルなブランド力をプラットフォームとして企業に活用してもらい、対価として大きな収益を期待できるかもしれない。マークの使用を含む統合的マーケティングルールを確立するためには NOC アクセスは避けて通ることはできない問題だったのである。

# TOP（The Olympic Partner）プログラム

ロサンゼルスオリンピックのセールス活動が予想以上の成果を上げつつある頃、IOC は将来のオリンピック・マーケティング・スキームの構想を固めた。但し、この構想は外圧により動き始めたのであった。

スポーツ用品メーカーのアディダスを、父親で創立者のアドルフ・ダスラー（Adorf Dassler）から引き継いだホルスト・ダスラー（Horst Dassler 1936 ～ 1987 年）は別会社を登記し、電通に出資を仰いで 1982 年にスイスのルツェルンに ISL Marketing(ISL 社)を設立した。国際サッカー連盟（FIFA）とヨーロッパサッカー連盟（UEFA）のマーケティングエージェントに指名されることは確実だったからである。

ISL Marketing は当初は小規模で、たった 5 人の社員でスタートした。国籍は全員異なっていた。ルツェルンを選んだのはスイスの中でも外国人の就労に寛容な土地だからである。アディダス・フランスでダスラーのアシスタントをしていたドイツ人のクラウス・ヘンペル（Klaus Hempel）が社長に抜擢された。

ダスラーは 1983 年 3 月、インドのニューデリーで行われていた IOC 総

会の場に乗り込んだ。コカ・コーラの上級副社長（シニア・バイスプレジデント）でマーケティングの総責任者を務めるゲイリー・ハイト（Gary Hite）も同行した。サマランチ会長を始めとするIOCのリーダーたちにオリンピックブランドの価値を再認識させるビデオプレゼンテーションを携えていた。各国NOCに任せているオリンピックの権利関係（NOCアクセス）をIOCに集約し、グローバルなマーケティングを展開して資金導入を図るべきであると、ロサンゼルスオリンピックで実績を上げつつあった電通と組んだダスラーは説得力に満ちていたという。

　1985年、IOCとISL社はオリンピックのグローバル・マーケティングプログラム「The Olympic Partners（TOP）」に関する独占エージェント契約を締結した。TOPは当初は「The Olympic Program」の頭文字から取ったある種の「ごろ合わせ」だったが、TOPプログラムという表現が頻繁に使われるため、数年後にProgramをPartnerに置き換えたという経緯がある。

　ISL社におけるTOPの担当マネージャーにはイギリスのスポーツエージェント、ウェスト・ナリー社（West Narry）で陸上競技やクリケットを仕事にしていたマイケル・ペイン（Michael Payne 1958年～　後のIOCマーケティングディレクター）が引き抜かれた。IOCはエージェントに指名したISL社のスタッフを各国に派遣して160を超えるNOCの協力を取り付けていったのである。

図2　「TOP」ロゴ

**1** オリンピックのマーケティング・コミュニケーション

　TOP の大きな特徴は二つある。オリンピック大会の開催国にとどまらず、全世界で広告・マーケティング活動に「オリンピック」が利用できること。そして、大会マークに加えてファイブ・リングスを利用できることである。これを実現するために IOC と ISL 社はグローバル・マーケティング・カテゴリー（TOP カテゴリー）を選択し、各 NOC から権利を譲渡（手放し）してもらう必要があった。つまり、IOC による買い取りである。TOP カテゴリーは清涼飲料水、クレジットカード、写真関連商品、オーディオ・ビデオ製品などグローバル企業がスポンサーシップを検討する見込みが高い製品・サービス分野であるが、NOC にとっても資金源になりうる業種がほとんどである。各国の NOC の抵抗は大きく、金額面の交渉は困難を極めたという。最も困難だったのは最大のマーケット、アメリカである。スポンサー候補と考えられる企業の多くがアメリカの多国籍企業であり、アメリカオリンピック委員会（USOC）は同国におけるオリンピック関連ビジネスの可能性に自信を深めていたからである。明らかではないが、現在でも TOP の収益に占める USOC の「取り分」は 20％程度だと推測される。

　オリンピヤードという表現がある。あるオリンピック大会から次期大会までの 4 年間を意味する。1985 年に企画がまとまった TOP 1（第 1 次TOP）は 4 年間ではなく 1988 年までの 3 年弱を契約期間とせざるを得なかった。冬季大会はカナダのカルガリーで 1988 年 2 月 13 日から 28 日に

表4　**TOP プログラムのスポンサーシップ権利概要**

| 使用マーク | ファイブ・リングス、夏季大会エンブレム・マスコット 冬季大会エンブレム・マスコット、各 NOC マーク |
|---|---|
| 称号 | ワールドワイド・パートナー（Worldwide Partner） |
| 範囲 | 全世界（NOC マークは当該 NOC 国内） |
| 期間 | 4 年（夏季大会の翌年から次期夏季大会開催年を原則とする） |
| 展開 | 広告、販促物、広報・PR、商品化 |
| 制限 | 契約商品・サービスカテゴリーの範囲内の独占排他 |

図3　2017年7月時点でのTOPスポンサー

開催され、夏季大会は1988年9月17日から10月2日にかけて韓国のソウルで開催される。この2大会を核にした変則的パッケージであった。TOPの形式が整ったのは1993年から1996年の4年間を対象にしたTOP Ⅲからだといえるだろう。この期間から冬季大会が2年前倒しになり、現在の開催サイクルがスタートした。

　TOPの評価が定着し、プロジェクトのマネジメントも落ち着いた1995年にIOCは大きな方針転換に踏み切った。二人三脚でTOPを推進してきたISL社とのエージェント契約を破棄したのである。一説に、どちらかと言えばFIFA寄りと見られていたISL社のマネジメントに対しIOCの一部に不信感が芽生え、溝が深まったための決断とされている。

　IOCはアトランタオリンピック組織委員会のマーケティング責任者を務めていたクリス・ウェルトン（Chris Welton）とISL社のオリンピック部門でNOC担当だったロオン・シャラパン（Laurent Scharapan）の2人に信任を与え、新会社メリディアン（Meridian Management）を設立させ、エージェント機能を持たせた。その後メリディアンは2001年までTOPのハンドリングを継続し、IOCに買収されるかたちでインハウス化したのである。

## 1964年東京オリンピックとスポーツ・プロモーション

　前回の東京オリンピックをゴールとして東海道新幹線、首都高速道路を

**1** オリンピックのマーケティング・コミュニケーション

表5　TOP プログラムの推移[3]

| | | 冬季大会 | 夏季大会 | 契約<br>（万ドル） |
|---|---|---|---|---|
| TOP Ⅰ | 1985 〜 88 | 1988 カルガリー | 1988 ソウル | 9,600 |
| TOP Ⅱ | 1989 〜 92 | 1992 アルベールビル | 1992 バルセロナ | 1 億 7,200 |
| TOP Ⅲ | 1993 〜 96 | 1994 リレハンメル | 1996 アトランタ | 2 億 7,900 |
| TOP Ⅳ | 1997 〜 00 | 1998 長野 | 2000 シドニー | 5 億 7,900 |
| TOP Ⅴ | 2001 〜 04 | 2002 ソルトレーク | 2004 アテネ | 6 億 6,300 |
| TOP Ⅵ | 2005 〜 08 | 2006 トリノ | 2008 北京 | 8 億 6,600 |
| TOP Ⅶ | 2009 〜 12 | 2010 バンクーバー | 2012 ロンドン | 9 億 5,000 |
| TOP Ⅷ | 2013 〜 16 | 2014 ソチ | 2016 リオデジャネイロ | 10 億 300 |

始めとする最新の交通インフラが現実のものとなった。東京オリンピックの開会は 1964 年 10 月 10 日だったが、羽田空港と都心を結ぶ東京モノレールが開業したのは 9 月 17 日。首都高速道路と東海道新幹線に至っては開会式の 10 日前の 10 月 1 日にやっと開業にこぎつけたのである。

　代々木の体育館（国立代々木競技場　第 1 体育館、第 2 体育館）、武道館などのスポーツ施設が誕生し、それらの多くは今もって使用されている。衛生面など様々な都市機能も改善された。今日、改めてこれらを 1964 年東京オリンピックのレガシーと称するなら、確かにそうだろう。有形のレガシーである。

　一方で無形のレガシーであるスポーツ・プロモーション（活性化）の観点からは、開会式が行われた 10 月 10 日を祝日としたことが注目に値する。国民の祝日に関する法律（祝日法）第 2 条によれば「スポーツにしたしみ、健康な心身をつちかう」ことを趣旨とし、「体育の日」はオリンピックの 2 年後の 1966 年に制定された。

　オリンピックを契機として庶民の間で盛んになったスポーツもいくつもある。ソ連を倒して金メダルを獲得した「東洋の魔女」女子バレーボールに刺激された女性たちがチームを結成した。ママさんバレーの登場である。1970 年には日本バレーボール協会と朝日新聞が共催で第 1 回全国ママさんバレーボール大会が開催されるまでに参加者が増えた。実施者は広い年

代層で全国に広がり、例えば北海道には459チーム、大阪府は518チームが連盟に登録して現在活動している。

　ドイツから招聘したコーチ、故デットマール・クラマーの指導で実力を高めたサッカーは強豪アルゼンチンに勝利するなど健闘し、人気を博した。そしてクラマー氏の提言を受け、翌1965年には日本サッカーリーグがスタート。現在のJリーグそして日本代表の活躍につながったのである。中学、高校を中心とする少年の約4割が1年間に「よくやった」スポーツとしてサッカーを1位に上げており、この傾向は過去10年以上変わっていない[4]。

　1967年3月5日、第1回の「青梅マラソン」が行われた。東京オリンピックでマラソン銅メダルに輝いた故円谷幸吉選手をゲストに招き「円谷選手と走ろう」が大会のキャッチフレーズだった。コースは青梅市役所をスタート・フィニッシュとする30キロ。参加337人に対し完走は251人だったが、これが日本における最初の市民マラソン（フルマラソンではないが）となり、開催を重ねるごとに参加者数は増加した。今42.195キロのマラソンは日本陸連公認でない大会を含めて100以上開催され、代表的な市民スポーツとして定着した。レースには出ない人も含め、週1回走るランナーは約470万人いると言われている。

　バレーボール、サッカー、マラソン（ランニング）はプロやエリートアスリートが活躍するだけでなく、「するスポーツ」としても人々が広く親しんでいる代表的な市民スポーツである。東京オリンピックをきっかけとし、関係者の努力で道筋が整えられた結果、いずれも盛んになったと言えるだろう。1964年以降、我々は確かにスポーツにより親しむように変わってきたのである。東京オリンピックは国民のスポーツ推進、健康増進という観点で大成功したソーシャル・マーケティングだったと評価できる。


　ビジネス面におけるマーケティングが全くなかったかといえばそんなことはない。郵政省（現日本郵便）の記念切手販売がその一つである。郵政省は1961年から1964年にかけて25種類の切手をデザインし、全国の郵

**1** オリンピックのマーケティング・コミュニケーション

便局で発売した。

　もう一つは日本専売公社（現日本たばこ産業・JT）である。専売公社は有力ブランドのピース10本入りのパッケージを大会公式エンブレムと競技のイラストをあしらって発売した。イラスト化された競技は20。パッケージはオリンピックの5色である青、黄、黒、緑、赤の5種類が用意され、各色に4競技が配分された。それだけではなく、記念たばこ「オリンピアス」も企画され、こちらは10円の寄付金付き（60円）で販売された。特に海外からの観客、参加者を意識して「TOKYO64」という名称のフィルター付きたばこまで発売されたのである。

　一般企業でオリンピックを利用したのは日本コカ・コーラであった。交通案内にガイドブック、また日英会話集などを準備し、配布したのである。コカ・コーラは最も長くオリンピックとの関係を保ってきた企業であろう。

　プレスセンターには外国特派員のためのタイプライターが何台も用意されたが、これに協力したのはイタリアのオリベッティである。記者たちが原稿を打つワーキングルームの壁には大きなOlivettiのロゴが掲出され、タイプライターのトップメーカーとしての存在感を示していた。

　広告代理店、電通のオリンピックとのかかわりも1964年の東京オリンピックが最初であった。同社では大会の2年半前の1962年に社内に東京オリンピック対策委員会を設置し、組織委員会への対応を開始した。大会期間中は15名の社員が報道部などに派遣され、大会運営の一端を担った。

図4　「オリンピック寄付金つきたばこ　オリンピアス」のポスター
出典：たばこと塩の博物館のHP

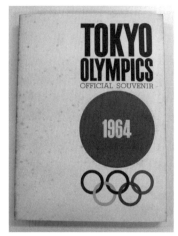 

**写真3 『東京オリンピックス・オフィシャル・スーベニア』**

　日、英、仏3か国語版で計10万部発行された記念書籍『東京オリンピックス・オフィシャル・スーベニア』（292ページ）は形に残った電通の代表的なビジネス上の成果であったとされる。これには98社の企業が協力し、広告を出稿した。テレビ放送はカラー化が進展し、インテルサットを介しての国際衛星中継が実現した。しかし、企業協賛に関しては現代のようなスポンサー制度が確立されるはるか以前であり、スポーツマーケティングという概念すら存在しない時代であったのである。『電通66年史』は当時の業務上の苦労をこのように紹介している。「…大会の成功にも大いに寄与したが、但しそれらを具体化するには、アマチュアリズムを堅持する「オリンピック憲章」との調整という難問題を解決しなければならなかった。」

## 結び：オリンピックの未来

　2012年夏季オリンピックの候補都市には当時パリ、ニューヨーク、モスクワ、マドリードが最終選考に残り、ロンドンと激しい招致合戦を繰り広げ話題となった。2008年大会に向けては10都市、2004年大会では何と

■ オリンピックのマーケティング・コミュニケーション

11都市が開催地として立候補を届け出たが、2024年大会の招致を目指すのはパリとロサンゼルスの2都市に過ぎない。2015年のIOC総会で決定した2022年の冬季オリンピックは悲惨であった。立候補都市は、当初有力視されていたストックホルムやオスロが辞退し、結局カザフスタンのアルマトイと北京の二者択一になってしまった。投票の結果44票対40票でスキー施設がないにもかかわらず北京が選ばれたのである。

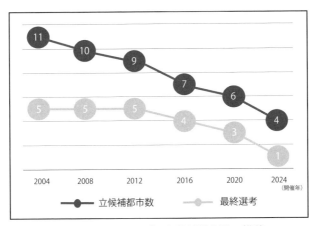

図5　夏季オリンピック候補都市数の推移

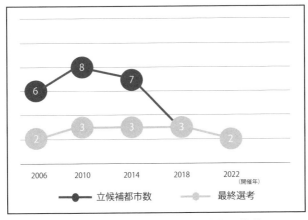

図6　冬季オリンピック候補都市数の推移

オリンピック大会立候補都市の減少、特に先進諸国で相次ぐ立候補辞退は、経済的負担が開催によりもたらされるメリットに見合わなくなっているからだと考えられる。政治的なイニシアチブから招致に乗り出しても、市民や社会的な賛同が得られずに立候補を断念するケースが増えているのである。2024年の立候補を正式に表明していたドイツのハンブルグは是非を問う住民投票の結果、反対票が過半数に達し、立候補を辞退するという結果になったのである。

　IOCは2024年の夏季オリンピックの開催に関してパリとロサンゼルスの2都市しか立候補がない状況を見極めて2024年をパリ、2028年をロサンゼルスという両都市間での調整を促した。本来であれば2021年に決定する2028年夏季オリンピック開催都市を含めた割り振りに踏み切ったのである。事実上ほかに選択肢はなかったのである。

　2012年のオリンピック開催都市選考が行われたのは2005年である。当時の状況から国際的な政治、経済情勢は大きく変化し、各国の社会環境も変わった。いま人々はテロの恐怖におびえ、経済発展に疑問を感じている。難民問題は解決の糸口すら見えない。

　2032年の夏季オリンピック開催都市は7年前の2025年に決めることになっている。21世紀に入って4半世紀がたつその時、私たちはどのような生活を送っているのだろうか。オリンピックが単なる国際スポーツ大会ではなく、国や民族を超えた相互理解とリスペクトを通じて平和な世界の実現を目指すプロジェクトであることを再度確認しておく必要があるだろう。

【注】
1）　"Annual Report 2016", United States Olympic Committee
2）　"Return on Sponsorship", IEG Inc. 2004
3）　"Sports Business Journal", June 21, 2010
4）　「青少年のスポーツライフ・データ 2015」笹川スポーツ財団

# 2 スポーツの普遍的価値

　スポーツの価値とは何か。一般のスポーツファンにとって、スポーツの金銭価値としてはイベントのチケット代金かもしれない。感動や喜び、元気をもらうといった情緒的な価値が指摘されることも多い。

　東日本大震災の年に女子ワールドカップで優勝した澤穂希率いる「なでしこジャパン」。オリンピックメダリスト達の銀座のパレード。人々の感性に訴えかける「無形の価値」がスポーツにあることは誰しもが認めるだろう。アスリートがアリーナを離れ、広告やテレビのトークショーに登場しても誰も違和感は感じないのである。

　1970年代からアスリートやスポーツイベントを自社の広告・販売促進活動に取り入れる企業が増え始め、アメリカの広告業界誌アドエージ（Advertising Age）が1978年に初めて記事中で「Sport Marketing」という専門用語（当時）を使用した。スポーツマーケティングは企業によるマーケティング活動を指すことが多いが、スポーツ自体のマーケティング活動もスポーツマーケティングということができるだろう。

　スポーツマーケティングが成り立つための条件は、スポーツに起因する市場（マーケット）が存在することである。生活者がスポーツに興味を持たず、スポーツ関連市場がぜい弱なところではスポーツマーケティングは効果が期待できない。

*29*

スポーツマーケティングはスポーツのメッセージ性や期待感、スポーツから得られる共感などの普遍性に価値を求めて実施するマーケティング・コミュニケーションである。「価値」はどのようにして創出されるのだろうか。いくつかの視点から探っていこう。

## スポーツ産業の市場規模

　スポーツ産業とは、直接的、あるいは間接的にスポーツに付加価値を創出し、事業を営む企業群である。直接的には、エンタテインメントとしてのプロスポーツの事業、スポーツ施設運営の事業などがあり、間接的にはスポーツ用品・用具、メディア、広告事業などが含まれる。

　我が国においては、大相撲、プロ野球（NPB 球団）、プロサッカー（J リーグクラブ）、バスケットボール（B リーグ）などがプロスポーツ事業を展開して、収益をあげている。エンタテインメント・ビジネスである。公開されている財務諸表によれば、公益財団である日本相撲協会の経常収益は約 120 億円（2016 年）である。公開データによれば J リーグ（J1、J2、J3 合計）の営業収益は約 940 億円（2015 年）であった。事業規模が最も大きいプロ野球（NPB）はほとんど数字を公開しないので、推測の域を出ないが、2011 年の Asahi Shinbun Globe の記事を参考にすれば 12 球団合計で約 1,400 億円である。

　また日本代表の人気に支えられる日本サッカー協会（JFA）など主だったスポーツ団体もテレビ放送権の販売やチケット収入、スポンサーシップ

表 1　スポーツ団体事業規模

| 協会・連盟 | 年間収益 |
|---|---|
| 日本オリンピック委員会 | 172 億円（2016 年度） |
| 日本サッカー協会 | 203 億円（2016 年度） |
| 日本バレーボール協会 | 23 億円（2016 年度） |
| 日本陸上競技連盟 | 21 億円（2016 年度） |
| 4 団体合計 | 419 億円 |

などで収益をあげているが、事業規模は 420 億円程度である。マスコミ報道やインターネット上での話題性に比べると金額的には必ずしも大きくないといえるだろう。

## スポーツ施設運営事業

スポーツ施設の経営はどうなっているだろうか。スポーツ施設運営事業の推移は消費者のアクティブスポーツに対する価値意識を反映するものである。業界動向サーチの調査[1] を参考にして傾向をとりまとめる。

過去スポーツ施設事業で最大のゴルフ場業界の市場は、縮小傾向にあるようだ。従来、日本では企業の接待にゴルフ場が多く利用され、バブル景気時代に建設ラッシュが起きた。1990 年代には日本国内でゴルフ場が 2,000 を超え、それに伴いゴルフ会員権も高値で売買された。その後、バブル崩壊に伴い会員権の相場が急落。企業が接待に利用する機会も著しく減少し、ゴルフ人口を下支えできなくなった。さらに若年層を中心としたゴルフ離れも深刻化し、経営破綻をするゴルフ場が相次いだのである。ゴルフ人口は 1990 年代の中ごろをピークに年々減少。2015 年のゴルフ人口は約 760 万人（総務省の社会生活基本調査）で、1995 年の 1,537 万人から 20 年で約半分に減少した。プレーフィーの下落もあり、2016 年のゴルフ場業界の業界規模（主要対象企業 87 社の売上高の合計）は 2,029 億円である。

スポーツ施設事業で最も大きいのはスポーツ・フィットネスクラブであり、各社とも 2011 年後半から維持される好調な流れを受けて増収・拡大基調が続いている。ライザップグループ、カーブスジャパンなどの新興企業が顕著な成長を続けるなか、大手のルネサンス、セントラルスポーツなども着実に増収増益を続けている。

現在、スポーツクラブ業界を支えているのが団塊の世代を中心とした男女のシニア層である。今後も 800 万人を超えるとされる団塊の世代の本格的な大量退職（定年延長や再雇用の期限）が見込まれるため、同業界はしばらく堅調に推移する可能性が高い。

一方で、現在の若年層のスポーツに対する消極性は業界の将来を考える
上でマイナス面である。総務省「家計調査」[2]によると「スポーツクラブ
使用料」支出全体に占める世帯主の年齢階級別シェアによると、1位は60
代の36.5%、2位は70代以上の21.0%。これに対し、30歳代は5.4%、20
歳代以下は0.9%と極端に低い。

　60代と20〜30代では余暇・レジャーにかけられる時間もお金も異な
るので、現状を一概には比較できないが、シニア層の高齢化の結果クラブ
を退会するメンバーが増えることを想定すると、市場規模が急速に縮小す
るリスクは否定できない。

## スポーツ用品産業

　2016年スポーツ用品国内市場規模（メーカー出荷金額ベース）は、前
年比101.9%の1兆4,186億9,000万円で、概ね堅調に推移している。主だっ
た用品（1位〜5位）の概況を矢野経済研究所の調査[3]から示しておこう。

　スポーツシューズは、前年比106.7%の2,601億で、2015年まで1位だっ
たゴルフ用品を初めて上回った。ランニングシューズの需要は衰えず、ス
ニーカーファッションも定着している。2017年に向けても成長が予測さ
れる。

　ゴルフは2015年に対し1.1%のマイナス成長である。ゴルフ用品のなか
で約4割を占めるゴルフクラブの需要が低迷したことが響いた。

**表2　スポーツ用品市場の推移（上位5ジャンルと総計）**

| | 2015年 | 2016年 | 2017年（予測） |
|---|---|---|---|
| スポーツシューズ | 2,436億7,000万円 | 2,601億円 | 2,713億1,000万円 |
| ゴルフ用品 | 2,592億5,000万円 | 2,563億8,000万円 | 2,616億8,000万円 |
| アウトドア用品 | 1,909億6,000万円 | 1,992億8,000万円 | 2,056億円 |
| アスレチックウエア | 1,779億6,000万円 | 1,811億5,000万円 | 1,863億2,000万円 |
| 釣り用品 | 1,275億3,000万円 | 1,305億4,000万円 | 1,344億7,000万円 |
| 総計 | 1兆3,925億円 | 1兆4,187億円 | 1兆4,556億円 |

**2** スポーツの普遍的価値

アウトドア用品は、前年比 104.4％の約 1,993 億円になる見込みである。アウトドア用アパレルやザック類のタウンユースが定着し、市場の成長に寄与している。

スポーツ用品・用具の市場は生活者のスポーツ参加のレベルに影響を受けるものである。エリートアスリートが素晴らしい活躍を見せれば、人々は刺激を受けてスポーツの継続や参入が加速する。内閣府が行った平成21 年の調査[4] によれば、オリンピックやサッカー、テニスなどのスポーツの国際大会での日本選手の活躍にどのくらい関心を持っているかとの問いに「関心がある」とする者の割合が 86.7％（「非常に関心がある」41.6％＋「やや関心がある」45.1％）、「関心がない」とする者の割合が 13.2％（「あまり関心がない」9.9％＋「ほとんど（全く）関心がない」3.3％）となっている。

テニスの錦織圭選手の国際大会での活躍がよい例である。同選手のメディア露出の増加によって社会人やシニア、主婦層など既存プレーヤーの多くが刺激され、プレー頻度が増加し、新規参入も増えているとみられるのである。

スポーツを観戦することも自ら身体を動かしてスポーツを楽しむことも自由になる時間、すなわち余暇時間に行う活動である。レジャー白書[5] によれば我が国の余暇市場は 70 兆円規模で推移しているが、方向感には乏しい。ジャンルとして最も大きいのは国内観光旅行であり、スポーツ関連は約 4 兆円で全体の 5.7％ほどにすぎない。金額ベースでみると、生活

表3　余暇市場の推移

| | 2012 年 | 2013 年 | 2014 年 | 2015 年 | 2016 年 | 16/15 |
|---|---|---|---|---|---|---|
| スポーツ | 3 兆 9,150 | 3 兆 9,190 | 3 兆 9,480 | 4 兆 0,270 | 4 兆 0,280 | 0.0% |
| 趣味・創作 | 8 兆 4,950 | 8 兆 3,550 | 8 兆 2,010 | 8 兆 1,170 | 7 兆 9,860 | -1.6% |
| 娯楽 | 50 兆 1,520 | 50 兆 2,010 | 50 兆 3,260 | 49 兆 7,080 | 48 兆 4,240 | -2.6% |
| 観光・行楽 | 9 兆 6,330 | 10 兆 0,220 | 10 兆 5,250 | 10 兆 5,910 | 10 兆 5,560 | -0.3% |
| 市場合計 | 72 兆 1,960 | 72 兆 4,970 | 73 兆 0,000 | 72 兆 4,430 | 70 兆 9,940 | -2.0% |

単位：億円

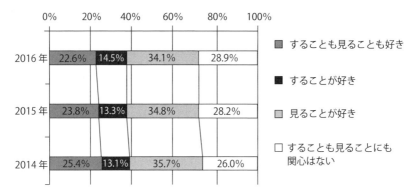

図1 スポーツの位置付け・関心
出典：三菱UFJリサーチ＆コンサルティング

者の支出対象あるいは自分への投資という観点で優先順位は必ずしも高くないといえるだろう。

三菱UFJリサーチ＆コンサルティングと調査会社のマクロミルにより「スポーツマーケティング基礎調査2016」[6]によれば、我が国におけるスポーツをすることが好きな層はほぼ横ばいだが、見ることが好きな層が縮小しつつある。

スポーツを見る、スポーツをするというスポーツへの関与を連動させ、スポーツ市場を活性化するためには創造的な取り組みが必要である。スポーツの3大ステイクホルダーである、愛好者（ファン、実施者）、メディア、企業が関連性を密にし、付加価値を生み出すような仕組みや提案が求められるのである。

## 世界のスポーツ市場

アメリカのコンサルティング会社A.T.カーニー（A.T. Kearney）は世界のスポーツイベント市場に目配りし、定期的に分析結果[7]を公表している。同社は2002年FIFAワールドカップにおいてもITソリューション領域でコンサルタントとして大会の運営に貢献した。

**2** スポーツの普遍的価値

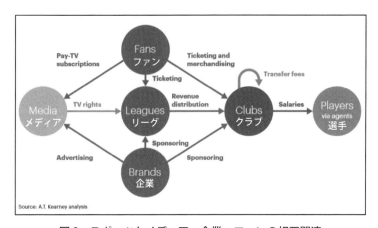

図2　スポーツとメディア、企業、ファンの相互関連
出典：A.T.Kearney「Winning in the Busuiness of Sports」に筆者加筆

　同社は2009年〜2013年の4年間におけるグローバル・イベント市場の年平均成長率（CAGR）を7％と分析した。2009年に584億ドルであった総収益は、年々増加して2013年には761億ドルに達したと推定したのである。ただし、その間のピークはロンドンオリンピックとサッカーヨーロッパ選手権（EURO2012）が開催された2012年の782億ドルである。7％という数字はその間の各国のGDPの成長率を上回り、アメリカの1.6倍、ブラジルの1.8倍、イギリスの実に3.9倍である。急成長中だった中国のGDPに対しても1.1倍と上回った。つまり、スポーツイベント市場は一般の経済成長を凌駕して拡大し続けていることが明らかになったのである。スポーツイベントとは、オリンピックやFIFAワールドカップに代表される国際イベントと各国のサッカーなど国内リーグ等の全てである。
　A.T.カーニーはこの傾向が今後も継続すると予測している。2013年からの4年間は年率5％で伸長し、2017年には909億ドルになるという見通しである。仮に1ドルを100円で換算したならば9兆900億円である。
　A.T.カーニーはスポーツ市場全体をどう見ているのだろうか。スポーツ用品・用具の市場規模は3,100億ドル、フィットネスクラブなどのスポーツジム、スポーツクラブが1,050億ドル、などと試算されている。その他

35

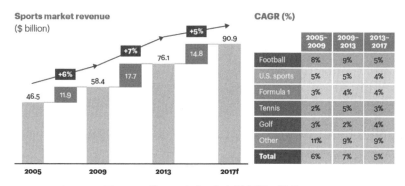

図3　スポーツイベント市場規模の推移
出典：A.T.Kearney「Winning in the Busuiness of Sports」

さまざまなスポーツ関連ビジネスを加えたグローバルスポーツ市場は総計6,000億から7,000億ドル、すなわち全世界のGDPのおおよそ1％を占めると推測されるのである。

## スポーツイベントの波及効果

　2016年のプロ野球セントラルリーグは広島東洋カープが優勝を果たした。カープの優勝は実に25年ぶりである。2003年頃から県外、とくに首都圏で少しずつ増えだしたカープのファン人口は、2009年のMAZDA ZoomZoomスタジアムのオープンや2014年の黒田博樹投手の復帰などのイベントを経て顕著に増加した。その中でも特に目立ち、話題に上ることが多いのが女性ファンの存在である。「カープ女子」というネーミングが生まれ、2014年には流行語のトップ10にランクインしたほどで、他球団のファン対策、特に女性ファンの取り込みに波及したのである。

　また、初勝利を収めた新人投手や、劇的なサヨナラホームランを打った選手の枚数限定Tシャツを間髪入れず販売することも注目を浴びている。限定Tシャツの人気は高く、例えば2014年4月2日のヤクルト戦で堂林翔太選手のシーズン初ホームランによるサヨナラ勝利を記念した400枚

**2** スポーツの普遍的価値

表4　カープ優勝の経済効果

| | |
|---|---|
| チケット、グッズ代など観戦の消費 | 50 億円 |
| 優勝セールやファンの飲食 | 120 億円 |
| もみじ銀行の「V 預金」の効果 | 76 億円 |
| 選手のテレビ出演やサイン会 | 15 億円 |
| 優勝パレード | 2 億円 |
| 間接効果（一次 50 億円＋二次 16 億円） | 66 億円 |
| 合計 | 331 億円 |

のTシャツが4月4日12時からインターネット限定で発売されたところ、わずか5分で完売してしまった。

　ムーブメントを起こした広島東洋カープの2016年の優勝に際し、その経済波及効果が331億円と試算[8]された。カープの優勝パレードは41年ぶり。主催者発表では、約31万3,000人のカープファンが沿道を真っ赤に埋め尽くしたという。

　経済波及効果はスポーツ以外でも算定されることが度々ある。一例をあげれば、伝統的祭礼である諏訪の御柱祭で信濃広域連合が2016年に調査を実施し、約202億円の経済波及効果があり、185万人が動員されたと発表した。直接効果が144億2,000万円、直接効果により需要が増加した産業部門が、他の産業部門から原材料を購入することで生産を誘発した金額が57億5,000万円（間接効果）である。

　過去プロ野球球団の優勝の経済効果を見ると、2003年阪神タイガースは1,481億円（関西大学調査）、2005年千葉ロッテマリーンズは397億円（ちばぎん総合研究所調査）、2005年阪神タイガースは643億円（関西大学調査）、2006年中日ドラゴンズは220億円（三菱UFJリサーチ＆コンサルティング調査）、2007年読売ジャイアンツは418億円（日興コーディアル調査）、2010年中日ドラゴンズは215億円（共立総合研究所調査）、2013年東北楽天ゴールデンイーグルスは230億円（関西大学調査）、2014年阪神タイガースは429億円（関西大学調査）と試算されている。

　大型スポーツイベントではどうだろうか。日本政策投資銀行は2019年

*37*

に開催される予定のラグビーワールドカップにフォーカスして経済波及効果を発表した[9]。全国 12 のスタジアムで 38 試合が行われ、日程はサッカーのワールドカップより更に長い 37 日である。来場者数を 200 万人、その中で海外からの来場を 41 万人と想定した。宿泊、飲食、移動交通費、土産などの支出をベースに滞在日数を勘案して算出したところ、直接効果が 1,422 億円、間接効果として一次効果を 528 億円、二次効果を 380 億円、合計で 2,330 億円とした。

　最後に市民参加型のイベントの典型である市民マラソン大会（都市型フルマラソン）についてであるが、3 万人規模で最大の東京マラソンの経済効果は関西大学[10] が 2013 年に算出しており 271 億円に達した。1 万人規模の富山マラソンは日本政策投資銀行[11] により 24 億 5,000 万円と算出されている。

　催事であるスポーツイベントは、イベント自体の営業収支とは別に人々のモチベーションを喚起し、積極的な行動に駆り立てることがわかっている。そこにはスポーツに起因する非日常性が関係している可能性がある。

　阪神タイガースのファン心理は事例としてわかりやすい。タイガースファンは熱狂的なことで知られ、甲子園球場の主催試合（ホームゲーム）は常に盛り上がる。優勝時の大阪道頓堀戎橋からの飛び込みなど、「トラキチ」の話題は尽きない。

　2003 年の阪神タイガースは 6 月時点で 2 位と 12 ゲーム差で首位を突っ

**表 5　阪神タイガースの優勝の影響**

| 調査月 | 質問項目 | 回答結果（％） |
|---|---|---|
| 6 月→7 月 | 自分は以前からの「阪神タイガースファン」 | 39.4 → 45.9 |
| 7 月 | 関西の景気が上向く | 69.6(72.7)* |
| 7 月 | 阪神が優勝したら「世の中に何かが起きる」 | 95.5(96.1)* |
| 7 月 | 阪神が優勝したら「自分自身に何かが起きる」 | 40.1(77.6)* |
| 6 月→7 月 | 阪神が優勝したら「財布のヒモが緩む」 | 49.2 → 52.2 |

（　　）*は阪神ファンの回答

走り、7月にはリードを 15 ゲーム以上に広げてリーグ優勝を飾った。その際の関西における対象者 555 名の調査（2003 年 6 月と 7 月、電通関西支社発表）は阪神ファンの強烈な個性を示すものである。例えば、タイガースファンの 96％以上が阪神タイガースの優勝が「世の中に何かを引き起こす」と思っていた、さらに 77.6％もの人が「自分自身に何かが起きる」と期待していたのである。

## スポンサーシップの評価

スポーツマーケティングの基本になるスポンサーシップは、広告活動のようにリーチで費用対効果を測ることが困難である。広告は、テレビの視聴率や新聞の実売部数などをベースにターゲットへの到達を定量的に把握するが、スポンサーシップにはそのような指標が当てはまりにくいのである。

スポーツイベントのスポンサーとして、競技施設やアスリートに付随するアドボードやユニフォームにブランドを表示し、目立たせることに主眼が置かれるのなら、観客数やテレビ視聴者人口を拠り所として「スポンサー効果」を評価することはできるだろう。イベント中継のテレビ画面に映った「ブランド名」の累積秒数や、新聞記事における「冠スポンサー」としての記載などを広告価値に置き換えるのである。しかしながら、そのような評価は単なる露出機会の測定であり、スポンサーシップの一面しかとらえることができない。ましてや、オリンピック大会のように主催者がブランド表示を認めない方針を貫いていたなら露出効果はゼロである。

スポンサーシップにより企業はさまざまな課題解決を期待する。企業が抱える課題は千差万別であり、スポンサーを志向する企業は通常複数のターゲットグループに対して「スポーツを介して」良好な関係構築を実現したいと考えるであろう。ターゲットグループは企業にとってのステークホルダー（利害関係者）と言い換えることも可能で、基本的に以下の 5 グ

*39*

表6 スポーツスポンサーシップのターゲットグループ

|  |  | 具体的対象 | 課題（例） |
|---|---|---|---|
| 取引先 | B | 流通、小売店、仕入先 | 販売促進強化 |
| 消費者 | C | 顧客、見込み客、 | 差別化 |
| 従業員 | E | 従業員、家族、系列会社社員 | リクルーティング |
| 投資家 | I | 株主、機関投資家、証券アナリスト | IR 成長戦略 |
| 社　会 | P | 地域社会、一般市民 | CSR 施策 |

ループに分けられる。

　B to B（Business to business）という表現は一般的になったが、ここでは消費者を相手とする B to C に加えて、B to E（Emoloyees、従業員）、B to I（Investors、投資家）、B to P（Public、社会）という5つのグループをスポーツスポンサーシップのターゲットとして設定した。ほとんどの上場企業のステイクホルダーはこの範囲に収まるであろう。

　「B」「C」「E」「I」「P」はいずれも大切なグループだが、特定のスポーツスポンサーシップにおいては重要度に差をつけ、優先順位を明らかにする必要がある。その上で、コミュニケーション施策に落とし込み、可能であれば達成目標を数値化することが好ましい。

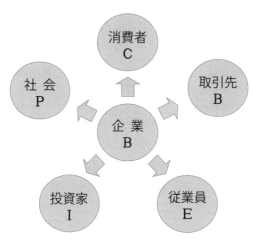

図4　スポンサーシップのターゲット（筆者作成）

## 2 スポーツの普遍的価値

例えば、ある市民マラソン大会のスポンサーをするとしよう。取引先とのリレーションづくりという課題がある。取引先の企業には市民ランナーの社員がいるだろうから、招待企画を用意することができる。参加賞など何らかのコラボレーションを企画するのもよいだろう。また市民マラソンは健康増進と表裏一体をなすスポーツ大会だから、ヘルスプロモーションの関連イベントを行って、行政や一般市民からの好意度を獲得することも可能だ。消費者に向けてナンバーカードやポスターでブランディングするだけでなく、複合的な展開が可能なのである。

サンドウィッチチェーンのサブウェイ（SUBWAY）は展開する「Commit to Fit」（健康になるぞ）キャンペーンのシンボルとして2010年ニューヨーク・シティマラソンのスポンサーシップを活用した。SUBWAYのメニューは野菜が豊富でアメリカではヘルシーな食事として認識されている。同社の社員で広報担当（スポークスパーソン）を務めていたジャレド・フォーグル（Jared Fogle）は人気者であったが、その理由は彼自身が10年前にSUBWAYのサンドウィッチを食べて200ポンド以上（90kg以上）の減量に成功した人物だからである。初マラソンとしてニューヨーク・シティマラソンに挑戦するジャレドをフィーチャーして、本人が1マイル（1.4km）走破するごとに1,000ドル増える抽選への参加を呼び掛けた。ジャレドは5時間13分28秒で見事完走し、当選金額は＄26,200になったのである。SUBWAYは「市民マラソンは単に身体能力を競う場ではなく、ライフス

図5　SUBWAY「Commit to Fit」のロゴマーク

タイルを提示する場」と捉え、健康志向を呼びかけて共感を醸成するプラットフォームとしてスポンサーシップを活用したのである。

　キリングループがサッカー支援活動を開始したのは 1978 年であった。ジャパンカップへの協賛である。もともとキリン本社が東京渋谷区の原宿に移転したが、近隣の岸記念体育会館に事務局があった日本サッカー協会（JFA）から支援の打診があり、社会貢献活動という認識で応じたのである。その後ジャパンカップはキリンカップと名称を変え、現在のキリンチャレンジカップに繋がっている。

　日本サッカーが花開いたのは 90 年代である。キリンのスポンサーシップも大会の冠スポンサーという立場からサッカーの応援文化を拡大するステージに進んだ。今世紀になり、サッカーの裾野を広げるべく、次世代支援活動に積極的に乗り出した。東北の子どもたちを対象とした「キリンスマイルフィールド」、代表戦における「エスコートキッズ」などを実施し、外側からではなく、ファンと一緒になって日本サッカーを応援し、強くしようという姿勢を明快に打ち出したのである。キリングループにとってのサッカーは、日本を元気にという同社の企業メッセージのプラットフォームとして機能しているが、その背景には CSV という経営コンセプトがあるのである。CSV（Creating Shared Value）とは企業が、社会ニーズや問題に取り組むことで社会的価値を創造し、その結果、経済的な価値も創造されることを意味する。2011 年にハーバード大学のマイケル・ポーター（Michael Eugene Porter 1947 年～）教授が提唱した理論で、事業戦略の視点で見た CSR（企業の社会的責任）とみることも出来る。近江商人の「三方良し」（売り手だけでなく、買い手良し、世間良し）に通じる考えでもある。

　キリングループはサッカースポンサーシップにより社会全体という通常のマーケティング・コミュニケーションでは補足が困難なステイクホルダーにアプローチし続けているのである。

**2** スポーツの普遍的価値

## 結び：キーワードとしてのスポーツ

　世の中の多くのモノは希少性が価値の源泉である。宝石や美術品などが高価なのは、簡単には手に入れることが難しいからである。高級腕時計やスポーツカーなども基本的に同様である。所有すること自体が価値なのである。それとは逆に、大量生産が可能になり、皆が手に入れられるようになるにつれて商品の価格は下がってくるのが常だ。

　スポーツは違う。オリンピックの「価値」が認められ、テレビ放送権やスポンサーシップの価格が高騰するのは、オリンピックが世界中で注目されるからに他ならない。注目されるということは、どういうことなのだろうか。

　ビデオリサーチの視聴率データを見ると、歴代の高視聴率テレビ番組の多くがスポーツ中継であることがわかる。近年の年間視聴率ランキングにおいても FIFA ワールドカップの予選やワールド・ベースボール・クラシック（WBC）、箱根駅伝など色々なジャンルのスポーツ番組が高い視聴率を獲得している。多くの人が興味を持ち、注目し、そして一喜一憂する。独り占めではなく、分かち合う（シェアする）のである。その様な対象はなかなか存在しない。スポーツという「営み」には社会の関心を喚起するポテンシャルが存在するのである。

　現在、口コミやさまざまな SNS での情報のやりとりなどが世の中の関心の高さの尺度とされる。そのほとんどはテレビにおける情報量の影響を受けていることが解き明かされている。データアーティストの解析した「流通ワードランキング」[12] によれば、2005 年に前年より出現回数が増加した「ワード」の大半がスポーツ関連であることがわかった。トップ 5 は「リオデジャネイロオリンピック」「新国立競技場」「錦織圭」「ドローン」「ヴァヒド・ハリルホジッチ」であった。メディアで取り上げられることの頻度がネットでの書き込みや情報発信の増減とリンクしているのである。

*43*

【注】

1）"gyokai-search.com", 業界動向サーチ

2）「家計調査」総務省統計局／「産業活動分析平成24年年間回顧」経済産業省

3）「2017年版　スポーツ産業白書」矢野経済研究所

4）「体力・スポーツに関する世論調査」内閣府

5）「レジャー白書2017」日本生産性本部

6）「スポーツマーケティング基礎調査2016」三菱UFJリサーチ＆コンサルティング

7）"Winning in the Business of Sports", A.T.Kearney 2014

8）「2016年広島東洋カープ優勝の経済効果」関西大学、2016年9月7日

9）「ラグビーワールドカップ2019開催による経済波及効果」政策投資銀行、2016年5月

10）「東京マラソン2013の経済効果」関西大学、2013年3月

11）「富山マラソン2015開催による富山県内への経済波及効果」政策投資銀行、2015年9月

12）「ビッグデータに基づく今年の流通ワード」データアーティスト、2015年12月15日

# 3 プレゼンスと アクティベーション

　スポーツマーケティングの効果測定において必ず評価の対象となるのは露出（Exposure）である。箱根駅伝を目指す大学は多いが、まず期待するのはお正月の2日と3日、20％を優に超える視聴率を誇る日本テレビのライブ中継に映し出される「うちの大学の名前」である。テレビCMとは違い、広告料を請求されることはなく、選手の活躍次第では長時間にわたり露出され、アナウンサーが繰り返し呼んでくれる。テレビ視聴者の記憶に残る可能性は非常に高いのである。

　看板、バナー、ナンバーカード（ゼッケン）、ユニフォームなど企業名やブランドロゴを表示するスペースはスポーツシーンのあらゆる場面に用意されている。近年ではさまざまに変化するLEDサインボードやバーチャルアドなども一般化し、効果を上げているようだ。

　ブランドロゴの露出以外にも、プロダクト・プレースメントと呼ばれる製品のプレゼンテーションやショーケースなど企業は常に工夫をこらし、存在感と印象を高める努力をしているのである。

　スポーツへの関心、興味を巧みに活用した企業のブランディング活動をプレゼンス・マーケティングとしてくくり、その手法や課題をみていこう。

## タバコメーカーとスポーツの蜜月

　カーレースは欧米ではモータースポーツとして人気の高い観戦イベントである。その中でもフォーミュラ・ワン（F1）は世界各地を転戦し、各サーキットに多くの観客を集めるだけでなくテレビ視聴者数でもスポーツの中で上位を占めてきた。2016 年通年のグローバル視聴者数は 4 億人[1] で前年に比べ横ばいだが、2008 年には 6 億人だったことを考えると、ファン数は減少傾向にあるといえるだろう。

　F1 が頂点にあったのは 1970 年代から 1980 年代にかけてである。ジャッキー・スチュワート（1969、71、73 年）、ニキ・ラウダ（1975、77、84 年）、マリオ・アンドレッティ（1978 年）、ネルソン・ピケ（1981、83、87 年）、アラン・プロスト（1985、86、89 年）らが操るマシンがサーキットを沸かし、世界のスポーツシーンの真ん中にいた（ドライバーズチャンピオン獲得年を示した）。F1 のマシンは高額で、グランプリシリーズを転戦するのも大変なコストがかかったが、これらを全面的に負担したのはタバコ産業である。

　タバコは嗜好品である。生活必需品とはいえないだろう。イメージが重要で、喫煙者はタバコブランドの世界観に共感して、充足を得るのである。そのような世界観を確立し、広めるために F1 レースは大いに役立った。フィリップモリスのマールボロはその代表格であろう。マールボロ以外ではジョン・プレーヤー・スペシャル、ゴールドリーフ、キャメルなどがマシンをタバコのパッケージそのものにカラーリングし「走る広告塔」として世界中でプレゼンスを示していたのである。

　1968 年のモナコ・グランプリでロータスがイギリスのインペリアル・タバコからの支援を受け「ゴールドリーフ」の赤と白をボディーにペイントしたのが最初だとされている。以来、チーム、ドライバーはもとよりサーキットも長期にわたって経済的にタバコ産業に依存していた。

　1976 年、西ドイツ（当時）でモータースポーツにおけるタバコのスポ

*46*

**3** プレゼンスとアクティベーション

ンサーシップを規制する動きが出ると、1984 年にイギリスが続き、1992 年にフランスがすでに公布されていたタバコのマスメディア広告を禁止する法令を改め、テレビ放映されるスポーツイベントを規制対象に含めた。

2000 年、ウィリアムズはタバコスポンサー無しで走る初の F1 チームとなり、マクラーレンも 2006 年で WEST（インペリアルブランド）のスポンサー契約を終了、ルノーも 2006 年シーズンを最後にマイルドセブン（日本たばこ産業・JT）との契約を解消した。他方、スクーデリア・フェラーリは 2005 年から 2011 年までフィリップモリスと契約を結び、ブランド名は表示されないものの、実質的にマールボロブランドによるスポンサーシップが継続されてきたのである。

それまでフェラーリのマシンとユニフォームに入っていたマールボロのロゴは、タバコ広告禁止国で使用されてきたバーコード風のデザインを全レースでも採用されることになった。しかし 2010 年 4 月、バーコードのデザインがマールボロのロゴを連想させるサブリミナル効果の疑いがあると指摘された。フェラーリチーム側は当初その疑惑を否定していたが、2010 年 5 月に「疑惑を一掃しレースに集中する」という声明を発表し、スペイン・グランプリからバーコードの代わりに赤ベタに白枠のデザイン

表 1　タバコブランドとレーシングチーム

| ブランド | 企業 | チーム |
|---|---|---|
| ゴールドリーフ | インペリアル | ロータス |
| ジョン・プレーヤー・スペシャル | インペリアル | ロータス |
| マールボロ | フィリップモリス | フェラーリ |
| キャメル | RJ レイノルズ | ロータス |
| ロスマンズ | ロスマンズ | ポルシェ（WRC） |
| ウェスト | インペリアル | マクラーレン |
| ベンソン・アンド・ヘッジズ | ギャラハー | ジョーダン |
| ラッキー・ストライク | BAT | ホンダ |
| ジタン | セイタ | リジェ |
| マイルド・セブン | 日本たばこ | ベネトン |

*47*

へと変更した。チームロゴに入っていたバーコードも2011年から一新され、タバコブランドはF1からも消え去ることになったのである。

タバコメーカーは他のスポーツでも勿論積極的だった。FIFAワールドカップにおいては1990年のイタリア大会でタバコブランドが禁止されるまでR.J.レイノルズが長期にわたりスポンサー契約を続け、1978年アルゼンチン大会ではキャメル、1982年スペイン大会ではウィンストン、1986年メキシコ大会では再びキャメルのアドボードを掲出した。

女性愛煙家をターゲットとしたスポーツのスポンサーシップも存在した。1970年、女子テニスのステイタスが男子に比べて低く、賞金にも大差がついていた時代、フィリップモリスのジョー・カルマン（Joe Cullman）はビリー・ジーン・キング（Billie Jean King）ら9名のトップ女子テニスプレーヤー（オリジナル9）と「女子プロテニスツアー」の創設を企てたという。8つのトーナメントによるツアーはバージニアスリムブランドのスポンサーシップで始動し、たちまちの内に人気を博した。ツアー参加プレーヤーも一気に増加し、1973年にWTA（Womens Tennis Association）が設立されるに至ったのである。バージニアスリムはそのままWTAツアーとファイナルのスポンサーとして資金援助を続け、1992年まで継

写真1　バージニアスリムの大会プログラム

続した。現在ではスポーツ、ましてや女子スポーツをタバコメーカーがスポンサーするとは想像できないが、歴史はバージニアスリム（フィリップモリス）の理解とサポートがあればこそ WTA が創設されたと語っているのである。

　現在、世界のスポーツ市場でスポンサーシップに積極的な業種は、ナイキやアディダスなどのスポーツ用品を除くと、自動車、ビール、金融、そしてブックメーカーである。

## アドボードというプレゼンス

　オリンピックはほぼ唯一の例外として、スポーツイベントでは競技エリアの周囲が広告看板（アドボード）で囲われている光景が普通である。アドボードは、開催されているスポーツイベントがどのような企業のスポンサーシップで実施されているかを一目瞭然に示すアイデンティフィケーションとしての役割をはたしている。と同時にプレーエリア内に観客はもちろん、報道陣が不用意に侵入しないようにガードフェンスの役割も果たしている。サッカーの試合では、ゴールラインに沿って並べられたアドボードの外側にフォトグラファーが陣取っている風景をよく見かける。アドボードは、英語では境界線という意味の perimeter board と表現されることも多い。

　スタジアムでもアリーナでも、アドボードは通常一定のルールに則って配置されている。高さ、角度、プレーエリアからの距離である。つまり、選手、観客、テレビ中継という３つのステイクホルダーへの配慮が求められるのであって、スポンサーが要求したとしても巨大サイズの看板を設置することはあり得ないのである。

　屋外で行われるサッカー、ラグビー、陸上競技、アリーナ競技であるバスケットボール、バレーボール、フィギュアスケートなど大半のイベントではスポンサーが希望するカラーのアドボードが掲出されるが、テニ

**写真2　スタジアムのアドボード**
写真提供：フォート・キシモト

ス、卓球などの一部の競技ではアドボードは単色で仕上げられる。ダークグリーン地あるいはダークブルー地に白抜き文字が普通だが、小型で白いボールの視認性を損なわないための配慮である。

　選手のプレーの妨げになってはならないというのはアドボード設置の際の大前提であるが、やっかいなのは観客への対応である。というのも、スタジアムやアリーナは、アドボードが置かれることを見越しては設計されていないからである。すり鉢状のサッカースタジアムの場合、フィールドに対し観客席は上から覗き込むような角度で設置されているので、問題は起こりにくい。しかし、陸上競技場のように観客席の角度がなだらかな形状だと、アドボードの高さと位置によっては前列の観客の視界が遮られてしまうリスクがあるのである。物理的に解決できない場合は、「観にくい」ゾーンの入場券を販売しないことが望ましい。観客をがっかりさせないためである。

　アドボードは基本的にテレビ中継を意識した商業表示である。スポンサーは自社のブランドが確実にかつ高い頻度で、テレビ画面に映ることを担保したいと考える。サッカーならば、ゴールバーやポストが邪魔にならないようにボードポジションを決め、陸上競技ならば、選手のスタート時に隠れないようにボードをリフトするといった工夫が求められるのであ

**3** プレゼンスとアクティベーション

る。また、ボードの角度はできる限り直立が望ましい。鋭角だと文字やデザインは歪んで見えるし、デーゲームでは日差しが反射してぎらぎら現象を起こしてしまうからである。

1970年代以降主流だった「置き看板」に対して、1980年代後半から回転式の広告装置が登場した。スペインのドルナ社（DornaSports）が開発したアドタイムなどである。回転式の導入初期にはロールがからんで作動しない等の事故が起きたが、メカニカルは次第に安定した。内蔵されるロールの全長によるが、20から30程度の広告盤面を巻き取り方式で収納でき、その範囲の表示パターンが実現できる。ただしパターンは盤面の順序に他ならない。回転式のアドボードは、枚数とポジションで露出を予測したり計測する置き看板と異なり、表示時間が露出度の尺度である。

試合の展開とは無関係に一定間隔で回転させることにより、1試合のテレビ中継時間内のスポンサー各社の看板露出量を公平にするのである。設置された全装置を同じパターンで回転させる方式と、各ユニットごとにパターンを変える方式がある。

回転式により実現された広告バリエーションと操作性をさらに高めたのが現在主流になっているLEDアドボードである。FIFAワールドカップでも2010年の南ア大会から導入され、引き続き2014年のブラジル大会でも使用された。開発したのは中国のAOTO Electronics（奥拓電子）である。

スポンサーのロゴや商品画像、メッセージなどが、動画として表現され、テレビ中継のみならず観客席からも注目されるので一部のサッカーファンからは「気が散る」と批判的にみられている面もあるようだ。LEDアドボードはデジタルで制御されるためスポンサー各社の露出量をきわめて正確にコントロールすることが可能になった。FIFAオフィシャルパートナーの企業数は6社だが、ピッチ周囲の全てのLEDボードが特定の1社の表示になるタイミングは90分の試合時間中8分（1回30秒、16回）である。また、ワンランク下のワールドカップスポンサーは同じ時間配分だが、2社が同時に表示されるという「差」がつけられている。

アドボードが施設を利用したブランド露出の代表ならば、アスリート

*51*

にブランド露出を託す方法で一般的なのはビブ（Bib）のスペースである。ビブはナンバーカードとも呼ばれ、以前はゼッケンという表現が使われた。ゼッケンはドイツ語が元らしいが、正確な語源はどうもはっきりしない。国際陸連（IAAF）はビブの上部にスポンサーロゴ表示を認めている。ロゴは世界陸上の初期には天地 3.0cmだったが 3.5cmになり、その後 4.0cmにまで拡大した [2]。ブランドの視認性はもちろん改善されたのである。

## クリーンスタジアムと VIK

味の素スタジアム（東京）、日産スタジアム（横浜）など我が国でも欧米と同様にスタジアム・ネーミング・ライツの活用が増えている。単なるスポーツイベントのメーンスポンサー（冠スポンサー）として一過性のブランド露出を得るよりも、スタジアム・ネーミングへの投資は長期的にブランディングに資すると同時に CSR（Corporate Social Responsibility　企業の社会的責任）としても評価が期待できるからである。

スタジアム・ネーミング・ライツの契約では例外条項が規定されることがある。オリンピックや世界選手権などが行われる場合に限り「ネーミング」が外されるという条件がそれにあたる。2014 年までトヨタ自動車がプレゼンティング・スポンサーとして契約していた FIFA クラブワールドカップ（CWC）は、日本開催時には日産スタジアムで決勝戦ほかの数試合が行われてきた。この際、告知や報道の際に会場名が「横浜国際総合競技場」と表記されるが、これはトヨタ対日産だからではなく、クラブワールドカップが FIFA の公式戦だからである。


IOC やサッカー、ラグビー、陸上競技など国際スポーツ連盟（IF）は、世界選手権大会などの開催要件として実施期間中、競技施設の商業的表示や活動を「消し去る」ことを要請してくる。これを「クリーンスタジアム（あるいはクリーンベニュー（clean venue））」の原則という。

クリーンスタジアムは IF が重視する公式パートナー、スポンサーの独

**3** プレゼンスとアクティベーション

占排他の権益を守るための大原則である。スタジアムやアリーナには常設の広告看板が掲出されている。ギフトショップや飲食の売店、自動販売機などもあるだろう。いずれもれっきとした商行為であり、かつワールドカップや世界選手権とは無関係である。例えば、IF が某ソフトドリンク大手と公式スポンサー契約を結んでいても、売店にはライバル社の飲料が並んでいるかもしれない。売店だからといってこれを見逃していたら、独占排他の原則にほころびが生じてしまう。徹底させるために期間中は閉店とせざるを得ないのだ。厳しすぎるだろうか？　ルールはルールとして尊重しなければならず、営業補償や扱い商品を絞っての開店は別の話である。常設の広告やブランド表示のカバリングはもちろん、施設のネーミングも対象である。2006 年の FIFA ワールドカップ・ドイツ大会では、決勝戦が行われた 75,000 人収容のミュンヘン、アリアンツ・アレーナ（Allianz Arena）が「FIFA ヴェルトマイスターシャフトシュタディオン・ミュンヘン（FIFA WM-Stadion München）」と呼ばれ、公式記録や報道で「アリアンツ・アレーナ」の名称がでることは無かった。ネーミングライツを買ったアリアンツはドイツの大手保険会社である。同様に、ラグビーワールドカップ 2019 の開催では日産スタジアムは横浜国際総合競技場、味の素スタジアムは東京スタジアムという元の正式名称で呼ばれることが決定しているのである。

　クリーンスタジアムを貫くと運営上さまざまな問題が生じることがある。スポーツイベントの実施に機材や専門的サービスは欠かせないが、会場には最低限の備品しか用意がないのが普通であろう。公式パートナー・スポンサーが好意で提供する機材やサービスには限りがある。2 万人規模の市民マラソン大会を例にとってエイドステーションのスポーツドリンクを想像してみたらどうだろう。5 キロごとに人数分のドリンクを用意したら最低でも 16 万杯必要である。飲料カテゴリーのスポンサーが無償提供してくれれば経費面は助かるが、そうでなければ購入しなければならない。スポンサー企業としても契約金を支払う以上、際限なく商品を出すわけに

はいかないだろう。そこで商品やサービスの提供をスポンサーシップ料金の一部と見做して契約する方法が編み出された。その際の「商品・サービス」の市場価値を「バリュー・イン・カインド（value-in-kind）略してVIK」と称する。

パナソニックはオリンピックのTOPパートナー契約を更新し続けているが、1996年のアトランタオリンピックからアストロビジョン（大型映像装置）の競技施設への設置をVIKとして契約に反映させ、現金の支払いと合わせて契約総額としている。リオデジャネイロオリンピックまで305面（総面積：9,700㎡）の装置が納入され、それは50インチテレビの画面にしたら14,000台分の大きさだそうである。アストロビジョンはIOCから大会に欠かすことができない機材のひとつとして認定され、オリンピック憲章の規定による一定サイズのロゴ表示が認められている。同様の規定は計時・計測を担う時計メーカーのオメガが提供する機器にも適用されている。

パナソニック、オメガともに製品と技術力を通じてメーカーとしての存在感を示す効果的なプレゼンス・マーケティングである。競技に直接関係する陸上競技のハードルや、球技のネットなどは必然的に目に留まるが、スポーツシーンにさりげなく商品を挿入する方法はプロダクト・プレースメントあるいはタイ・インと呼ばれ、以前から工夫が凝らされてきた。マラソンの先導車や飲料の保冷ケースは違和感を感じさせない。

1960年代にプロレスが人気を集めていたが、テレビ中継の提供スポンサーだった三菱電機は試合開始前に電気掃除機「風神」で丁寧にリングを掃除して効果的な製品のデモンストレーションを行った。三菱電機は大相撲で呼び出しが土俵をほうきで掃き清めることからヒントを得たそうである。

## スポンサーシップのアクティベーション

オリンピックやFIFAの大会でオフィシャル・スポンサーに契約で付与

**3** プレゼンスとアクティベーション

される権利内容は各社に対して基本的に「均一」である。アドボードの枚数やマークの使用規定、招待券の枚数などはフェアに取り扱われるのが普通である。

　個々のスポンサー企業の立場では、「フェアであってほしい反面、目立ちたい」という当然の欲求がある。契約をベースにしながらもテイラーメイドの企画を模索するスポンサーは多い。プレゼンスだけでは不十分ということだ。権利の有効活用である「アクティベーション」のケースを吟味しよう。


　FIFA アンセムが会場に流れ、レフェリーがボールを取り上げてピッチに進む。サッカーの国際大会で最も会場が沸き立つシーンだ。続いて入場する選手一人ひとりにぶら下がるように手をつなぐ子どもたちの姿はいつ見ても微笑ましい。

　FIFA ワールドカップで黄色のシャツと赤いパンツというお揃いのウェアに身を包んで晴れの舞台に現れたのは「マクドナルド・エスコートキッズ」に選ばれた子どもたちである。黄色と赤は、マクドナルドのシンボルカラー。ワールドカップ本戦の 64 試合には栄誉を手にした 1,408 人の 6 〜 10 歳の子どもが招待される。1,408 人は、1 試合にそれぞれのチーム 11 人として 64 試合のトータル人数である。ワールドカップオフィシャル・スポンサーのマクドナルドは 2002 年の日韓大会からこのキャンペーンを継続し、次回 2018 年のロシアでも実施予定だ。ワールドカップの参加国は 32 ヵ国。このプロモーションは世界中のキッズサッカーファンをハッピーにする。マクドナルドにとっての最大の顧客は子どもたちである。その子どもたちとの共有体験を演出するという画期的なアクティベーションプログラムである。

　オリンピックのトーチリレー（聖火リレー）は 1936 年のベルリンオリンピックでの実施が事の起こりである。オリンピックフレーム（聖火）が灯されるようになったのは 1928 年のアムステルダム大会からだが、ギリシャのオリンピアからのリレーはドイツの発案であり、当時の国家プロパ

55

ガンダの一環だというのが後の世の解釈である。いずれにしてもその後トーチリレーは定着し、オリンピックを象徴する催事のひとつになった。

　オリンピックはアドバタイジング・フリーのスポーツ大会なので、競技施設の中や周囲での販促活動は制限が厳しい。しかし、パブリックスペースであればかなり自由な展開が可能であるし、大会開始前の期間であれば尚更だ。

　トーチリレーはオリンピックのたびにトーチのデザインや斬新なルート選択が話題になるが、主催者にとってはかなり重荷になるイベントでもある。セキュリティも神経を配らなければならないし、経費もかかる。1992年のバルセロナオリンピックに向けて消費者を巻き込むプロモーションを考案したコカ・コーラは、オリンピックトーチリレーのサポートというアイディアに行きついた。公的に選ばれた人がリレーしてきたと思われてきたトーチリレーに、コカ・コーラの抽選キャンペーンに当たればランナーの一人として参加できる。このような一生に一度のチャンスを魅力に感じ

図1　バルセロナオリンピックのトーチリレーの告知

### 3 プレゼンスとアクティベーション

ない人はいない。感動を共有化するオリンピックのアクティベーションはバルセロナ以降も、他のオリンピックスポンサーも巻き込んで継続している。

## 結び：スポーツの内側からのマーケティング

アクティベーションはスポーツ権利の有効活用だが、スポーツプロパティ（物件）の内側に入り込んで、同時体験、共有体験を演出することが重要である。プロパティの外側からは「誰でも」スポーツを利用することはできる。テレビの中継番組の提供枠を購入したり、記念セールを実施することは協賛スポンサー以外でも可能だ。しかし、プロパティの内側で、イベントの仕組みや演出に関与することはオフィシャル・スポンサーにのみ許される「可能性」である。

プロ野球の二軍の試合だが、横浜ベイスターズの横須賀市追浜のスタジアムでは試合中の5回の裏終了後にグラウンドを駆ける「スカスタ

写真3　スカスタ DASH　©YDB

57

DASH!」を行っている。スニーカーなどは必要だが、子どもだけでなく大人も楽しそうに外野のフェンス沿いを走っている。この企画はスポンサーシップではないが、このようなちょっとした共有体験を創り上げることがスポンサーシップの有効性を高め、企業と消費者の距離を縮めることにつながるのである。

【注】
1）"Global F1 Viewing Figures 2008-16", Liberty Media, January 2017
2）"Regulations Governing Advertising and Promotional Displays 2014", IAAF

# 4 シンパシーの スポーツ マーケティング

　消費者の購買行動は、必ずしも価格の安さや「お得感」だけで左右されるとは限らない。ブランドへの信頼、自分らしさとの同調など価値観のあり方が購買動機につながることが分かっている。ブランドと消費者を結びつける重要なファクターにシンパシー（共感）がある。企業の姿勢や営業スタイル、メッセージなどが心に響くかどうかである。

　コーズ・リレーテッド・マーケティング（Cause Related Marketing, CRM）は、人々の信条や大義などライフスタイルや世界感に訴えて、シンパシーを得ようとするマーケティング手法である。1983 年にアメリカン・エキスプレス（アメックス）が行った「自由の女神像修復」キャンペーンが成功事例として評価が定まっている。アメリカ合衆国の独立 100 周年を祝い、フランスから贈られた女神像がニューヨークに設置されたのは1886 年であった。それから 100 年が経とうとするタイミングで大規模な修繕計画がまとまり、企業スポンサーが募集された。スポンサーの 1 社となったアメックスは、買い物の際に同社のクレジットカードを利用すると、1 回につき 1 セントを修復を推進する財団に寄付するというキャンペーンを実施し、3 か月で 170 万ドル（当時のドル換算で約 4 億円）を拠出した。その間、カードの利用額は前年比 28％増し、新規のカード申込者は 45％増えたと言われている。

*59*

我が国でも主に公的な活動として寄付金付きの物販や募金活動は行われてきた。最も身近なチャリティは「赤い羽根共同募金」であるし、寄付金付き年賀はがきは 1949 年から続いている。

　スポーツは広く生活者のシンパシーに共鳴する可能性を秘めていると考えられ、CRM のテーマとしていろいろな切り口で取り上げられてきた。

## シーグラムのソウルオリンピックキャンペーン

　1980 年に初の社会主義国でのオリンピックとしてモスクワオリンピックが開かれた。しかしながら直前のソビエト連邦（当時）によるアフガニスタン侵攻に抗議するとして、ジミー・カーター米大統領が大会のボイコットを表明し、日本をはじめとする西側諸国にも同調の動きが広まってしまった。アメリカの選手、関係者、スポーツファンにとっては、自国開催だった 1984 年ロサンゼルスオリンピックを経て、1988 年大会は 1976 年のモントリオールオリンピック以来 12 年ぶりの外国で行われるオリンピックという位置づけになったのである。しかし、その開催都市は韓国のソウル。地理的に極めて遠いだけでなく、今以上に北朝鮮（朝鮮民主主義人民共和国）との緊張が高まっていた。ラングーン事件、大韓航空機爆破事件など世界を震撼させるテロが起きていた時期である。シーグラムのキャンペーンの立案には、以上の背景があった時期であることも重要だ。

　シーグラムはカナダの大手酒造会社だったが、所有ブランドが買収されるなどして現在は存在していない。1949 年に買い取ったシーバス・リーガルが人気があり、日本では合弁のキリンシーグラムが販売していた。

　1986 年、シーグラムは低アルコール飲料、ワインクーラーを発売し、ハリウッドスターのブルース・ウィルスを CM に起用するなどして攻勢を強めていた。更なるセールス・プロモーションのプラットフォームとして計画したのが、スポーツマーケティングの手法である。1988 年ソウルオリンピックの活用である。

## 4 シンパシーのスポーツマーケティング

写真1　シーグラムのCM

　シーグラムは募金のキャンペーンを展開し、「アメリカから遠く離れた闘いの場」に最愛の子どもやパートナーを送り出すアスリートの家族のために、韓国・ソウルで応援する機会を用意しよう、と考えたのである。そこでアメリカ・オリンピック委員会（USOC）に対し理解と協力を求めるとともにスポンサーシップを打診した。趣旨は評価されてものの、シーグラムはスポンサーとしては受け入れてもらえなかった。同社の主要製品がウイスキーなどのハードリカーであり、IOCの規定に反するというのが断りの理由であった。実は同年2月に開催されたカルガリー冬季オリンピックの折、アメリカ・スキー連盟のスポンサーだったシーグラムが自社の主力商品のウイスキー「セブン・クラウン」の懸賞キャンペーンで「Go For The Gold（金を目指せ）」とオリンピックをイメージさせる表現を使ったこともUSOCの心証を害していたと伝えられている。

　オリンピックスポンサーとしての「お墨付き」は得られなかったが、シーグラムはあきらめなかった。オリンピック参加競技団体を個別に打診し、29の競技団体の内23から賛同を得たのである。総数約650名のアメリカ選手団の中から500名以上のアスリートが該当することになった。シーグラムは50万ドルのプロジェクト預託金を用意し、全国キャンペーンをプロモートするアドバイザリー委員会を立ち上げた。委員には、2大会で10種競技の金メダリストのレジェンド、ボブ・マシアス（Bob Mathias）、単距離で3つの金メダルを獲得した女性アスリート、ウィルマ・ルドルフ

*61*

（Wilma Rudolph）ら 4 名のオリンピアンが就任。さらに 1994 年冬季オリンピック誘致を目指すアラスカ州の上院議員も加わって、「Send Families to Seoul」は賑々しく船出したのである。

　ワインクーラーの広告に連動した募金（Fund raising）はアメリカ国民に支持され、250 万ドルの目標を上回る 275 万ドルが集まった。560 名のアスリートは各一人の親族を指名し、親族には往復の航空運賃、2 週間の宿泊と食事が提供されることになったのである。

　シーグラムはその後もオリンピックを志向したが、ワインクーラーのカテゴリーであっても協賛が認可されることにはならなかった。ちなみにIOC はウイスキーやコニャックなどのハードリカーには扉を閉ざしているが、現在もビールは問題ないとしている。

　シーグラムの募金キャンペーンはマークや大会名そのものの表現を使わずに、消費者のオリンピックに対するシンパシーに訴えかけたという観点で、巧妙なアンブッシュ・マーケティングである。と同時に、大成功したCRM として記録されなければならない。

## フェアトレードとプロ野球の CRM

　スポーツチーム、特にサッカークラブやプロ野球球団などは、国を問わず市民を熱狂させる存在になりうる可能性を秘めている。ファンの強い思いは、時に何事にも優先するような行動すら呼び起こすことがある。アウェイ戦に同行しての応援等、ある程度の出費などいとわないし、時間も喜んで割く。このようなモメンタムを適切に刺激してあげれば、力強い CRMを実行することが可能になる。

　阪神タイガースはプロ野球球団の中でも一、二を争う人気を誇り、特にチームカラーや虎のモチーフをあしらったグッズの人気は高い。2016 年に発表された野球ファンの推計[1]によれば阪神のファンは 470 万人とされ読売ジャイアンツに次ぐスケールである。

　阪神タイガースを象徴するものといえば虎だが、その虎を介して実現で

**4** シンパシーのスポーツマーケティング

**表1　プロ野球ファンの規模**

| プロ野球 | ファン人口 |
|---|---|
| 読売ジャイアンツ | 594 万人 |
| 阪神タイガース | 470 万人 |
| 広島東洋カープ | 311 万人 |
| 北海道日本ハムファイターズ | 302 万人 |
| 福岡ソフトバンクホークス | 287 万人 |
| プロ野球ファン総数 | 2,747 万人 |

きた CRM の事例を解説しよう。

　かつてアジアに広く分布していた野生の虎は、この 100 年あまりで 95 ％も激減してしまい、現在 5,000 頭たらずがインド、バングラデシュ、ネパールなどで生息しているにすぎないとされる。そして、例えばインドでは 1 日 1 頭のペースで密漁者により殺されているといわれているのである。

　2007 年、ここに虎の保護、生産者の保護とスポーツ人気を統合させた CRM が実現した。「トラカムバック」プロジェクトである。その仕組みは以下の通りである。

　CRM の主体となった「シャプラニール＝市民による海外協力の会」は、フェアトレード（生産者に適正な賃金が支払われ、違法な収奪を防止する商行為）を通じてバングラデシュやネパールにおいて市民レベルの支援を行っている NPO 法人である。

　シャプラニールは、新しいデザインによるエコバッグの製造をネパールの WSDO（Women's Skill Development Organization）に正当な条件で発注した。WSDO は生活状況の厳しい女性を生産者として優先的に採用し、伝統手工芸品の地織（じばた）織りを製造している団体だ。

　このエコバッグは「しましま」デザイン、すなわちタイガースのイメージで織られ、オフィシャル商品である証に「TH」の球団マークが縫い付けてある。L サイズ（27.5 × 32.5cm）と S サイズ（18 × 23cm）が用意された。バッグ 1 個に必要な布を織る賃金、120 ルピー（1 ルピー＝約 1.5 円）

写真2　トラカムバック
写真提供：シャプラニール＝市民による海外協力の会

でネパールでは米が 4 キロ購入できるという（2007 年時点）。

　日本で販売されたエコバッグの売上金の一部は「JWCS トラ保護基金」を通じて、密猟者たちと日々闘うインドのレンジャーの活動支援に充てられた。虎の保護活動に積極的な阪神球団は公式グッズとして承認。バッグの名称も「トラ、カムバック（Come back）」をもじって「トラカムバック」としたのである。

## オリンピック代表選手強化資金

　オリンピックの本質は世界平和の実現である。しかしながら、現実には人々は国家間のメダル争奪競争の呪縛から逃れられず、他国のライバル選手の不幸を願い、自国の選手を必死に応援することになりがちだ。選手強化には資金が必要なことは周知の事実になりつつあり、アマチュアリズムを追い求める「きれいごと」だけではメダルはおろか上位入賞も難しい時代になった。

　1964 年の東京オリンピックの開催準備が進められていた 1962 〜 63 年

**4** シンパシーのスポーツマーケティング

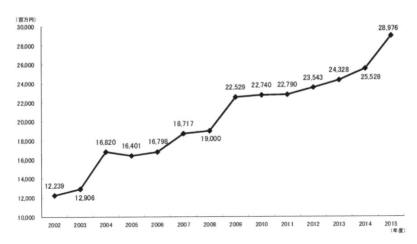

図1　文部科学省のスポーツ予算の推移
出典：文部科学省スポーツ関連データ集（2016年3月）

には、運営費のねん出を目的に5円切手に5円の寄付金を上乗せした記念切手が何種類も発売され、人気を博した。1972年の札幌冬季オリンピックの前年にも15円切手に5円の寄付金を上乗せした記念切手が2種類販売された。もちろん、1998年の長野冬季オリンピックの際も大会エンブレムとマスコットをあしらった80円プラス5円の記念切手2種類が発売されたのである。

　このように自国開催のオリンピックに際しては、大会運営費に対する募金活動が行われたという過去の実績はあるが、オリンピック出場選手に対する寄付活動は行われたことはなかった。寄付文化が確立されていない日本において、一般市民によるアスリート支援は、まだ期は熟していなかったということもできるだろう。

　2010年に出されたスポーツ立国宣言とそれに続くスポーツ庁の創設プロセスで、文部科学省は日本の選手強化が他国に比較して不十分だと主張し、予算の増額に努めてきた。

　このような時代背景の中でオリンピック選手強化を訴求するCRMが2件生まれた。2012年の味の素アミノバイタル選手強化資金と2016年のア

サヒビール選手強化資金である。

味の素「アミノバイタル　一本でニッポンを強くする」キャンペーン

　味の素は 1995 年のアミノバイタル市場導入を契機としてスポーツ関連ビジネスを拡大。マーケティング戦略として、2002 年には JOC スポンサーに仲間入りした。さらに 2003 年に契約調印した東京「味の素スタジアム」

図 2　「アミノバイタル」ニッポン応援キャンペーンの新聞広告

### 4 シンパシーのスポーツマーケティング

をはじめとして、同施設のアミノバイタル・フィールド、味の素ナショナルトレーニングセンターなどのネーミングライツ獲得も積極的に推進してきた企業である。

企画名称は、日本代表選手団強化資金提供「一本でニッポンを強くする」である。対象商品はアミノバイタル各種で、顆粒状のスティックに関しては1本につき1円、タブレットタイプは4粒ごとに1円を味の素からJOCに強化資金として提供するというものだ。キャンペーンは2期に分かれ、第1期は2012年1月〜3月、第2期は2012年4月〜6月で、それぞれ4月と7月に販売数量に応じた金額をロンドンオリンピック選手団に資金提供を行うとした。

このCRMは記念切手のように寄付金が商品価格に付加される形式ではない。従って、購買者がそれを負担することにはならない。味の素「勝ち飯」セットプレゼントへの参加を下支えする仕組として強化資金の積み増しに意義を感じる消費者がアミノバイタルを追加購入したり、新規ユーザーが生まれることに期待した企画である。

味の素は2012年のロンドンオリンピックに向けて、JOCと共同で進めてきた「ビクトリープロジェクト」を強化し、現地で選手に対する食事・栄養サポートを行ったが、CRMは一般市民からの共感を少しでも醸成したいという同社の意向だと評価できる。

## アサヒビール「スーパードライ樽生日本代表応援キャンペーン」

2016年のリオデジャネイロオリンピックに際してはJOCゴールドパートナーのアサヒビールがキャンペーンを展開した。キャンペーンは6月から8月にかけて全国約20万店料飲店とタイアップして実施された。対象商品を同社の「スーパードライ樽生」とし、1ℓについて1円を選手強化資金としてJOC及びJPC（日本パラリンピック委員会）などに寄付するとした。売り上げの目標を800万ℓと設定し、結果として総額7735万2168円を送金したのである。このキャンペーンをムーブメントとして演出するためにアサヒビールはキャンペーンアカウント「KANPAI倶楽部／アサヒ

67

ビール公式」（@asahibeerkanpai）を立ち上げ、自動返信型のツイートキャンペーンを企画した。

　キャンペーンの仕組みは、利用者が「#みんなでカンパイ」をつけた「カンパイ応援ツイート」を1回投稿するごとに、ウェブ上の巨大ビールサーバーから1杯のビールが抽出され、参加者全員でビールサーバーを空にすることを目指す、というものであった。ビールサーバーの容量は毎日変化し、サーバーが空になると抽選で賞品が当たる。その日の目標に対する進捗を自動返信機能で参加者全員に伝えることで利用者の目標達成意欲を刺激すると共に、「実際に乾杯している画像」を添付してツイートをすると応募口数が10倍になるという「リアルな乾杯」を通じてキャンペーンの話題性を高めたという。

　キャンペーンはリオオリンピック開会式前日の8月4日から閉会式の8月21日まで18日間実施し、賞品には他のオリンピックスポンサーとのコラボ、スポンサー間でツイート連携するなどオリンピックスポンサーが一体となった盛り上げの演出を行った。

　KANPAI倶楽部／アサヒビール公式（@asahibeerkanpai）アカウントは、立ち上げから1ヶ月で10万人近いフォロワーを獲得し、18日間実施した「みんなでカンパイキャンペーン」には累計15万以上のツイート、メッセージが寄せられた。カンパイ画像は2万5,000件を超え、一方的に情報や広告メッセージを発信するのではなく、アカウントと利用者が一体となり日本代表選手団を応援するという「コト」を共創（シンパシーの創出）できたことが成功のポイントであるとアサヒビールは総括している。

## クラウド・ファンディングで個人がスポンサーに

　クラウド・ファンディング（croud funding）とは、ある目的、志などのため不特定多数の人から資金を集める行為、またそのためのネットサービスのことである。大衆（crowd）と財政的支援（funding）を組み合わせた造語であり、ソーシャル・ファンディングとも呼ばれる。クラウド・ファ

**4** シンパシーのスポーツマーケティング

ンディングの実施者は、インターネットを利用して不特定多数の人々に比較的低額の資金提供を呼びかけ、必要とする金額が集まった時点でプロジェクトを実行する。

## マラソンランナー藤原新の挑戦

マラソンランナーの藤原新は、2012年2月の東京マラソンで2時間7分48秒の好記録で2位（日本人ランナー1位）に入賞し、同年のロンドンオリンピックの出場を確実なものにした。有力マラソンランナーの多くが実業団に所属しているのに対し、藤原はフリーで活動し、組織的、経済的サポートは皆無。練習方法もユニークな方法を採用していた。そのような藤原の特異なランニングライフがメディアで紹介されると、オリンピックへの期待感と相まって人々の注目が集まった。

オリンピック代表選出後の4月、藤原はニコニコ動画のライブ・オンライン番組に出演。オリンピックに向けてのトレーニングへのサポートを要請した。ニコニコ動画とのコラボレーションで企画されたスキームは、藤原に共感するユーザーが希望すれば、2万人限定でニコニコ動画のプレミアム料金、1か月分が寄付されるというものである。

1か月の料金は525円（税込）であるから、1,050万円（税込）が活動資金に充当されることが目標設定であった。これは1週間で達成した。プレミアム会員には当時157万人が登録しており、2%を超える会員が賛同したことになる。ニコニコを運営するドワンゴとしては持ち出しになるが、新規会員獲得のきっかけになることからWin-Winのプロジェクトといえるのではないだろうか。ソーシャル・ネットワーク（SNS）時代に入り、企業ではなく個人がスポーツのスポンサーになれる可能性が示された初めての事例であった。

ロンドンオリンピックの本番では藤原は後半で失速し、残念ながら2万人の市民スポンサーの期待に応えることはできなかったが、後援者たちは追加の出費をすることなく、ランナーの夢を「シェア」できたのである。

*69*

## 医大生宮澤有紀の挑戦

　富山大学医学部の宮澤有紀は高校時代の闘病生活を克服して 2015 年には日本学生陸上個人選手権女子 100m で初優勝。日本選手権では福島千里に敗れて 2 位になったもののリオデジャネイロオリンピックの強化選手に選出された。難病を克服して医学部に受かっただけでなく、陸上競技に挑戦してトップレベルにまで至ったのである。

　宮澤はクラウド・ファンディングの ReadyFor（レディフォー）を介してトレーニング資金を調達することになった。

　インターネット・サイトに掲載されたメッセージの一部を転載する。「『チーム宮澤』として活動を力強く展開していくためにも、一人でも多くの皆さまからのご支援を頂けましたら幸いです。医者になるための勉強をしながらのため、バイトも出来ず、合宿の費用が不足しています。五輪出場の可能性に挑戦するため、応援していただけないでしょうか？　私は日本陸上競技連盟の強化対象選手として選出されています。現在リオ五輪の女子 100 ｍに出場するために練習を重ねていますが、2 つの壁を乗り越えなければなりません。1 つはオリンピック参加標準記録である 11 秒 32 を突破すること。もう 1 つは、6 月に開催される日本選手権で優勝することです。（中略）小さい頃から走ることが大好きで、中学 3 年の時には全国大会で女子 100 ｍ 3 位に入賞。高校ではインターハイ優勝を目指してさらに頑張ろうと思っていましたが、原因不明の極度の低血圧症にかかりました。授業中に意識が飛び、椅子から落ちそうになったり、階段すら上がれない状態になりました。様々な治療方法を試しましたが決定的な効果はなく、高校時代はインターハイに出場するどころか、陸上選手としての練習すら出来ませんでした。この闘病生活をきっかけに「自分で原因を解明したい」と、医師を目指すことを決意しました。2 年間の浪人生活を経て、富山大学医学部に入学する頃には、いつしか症状は改善していました。「人生のどん底を味わったから、今は何もつらくない。時間を取り戻したい」、そういう気持ちで、医学部の勉強・実習とトレーニングを両立する道を選びました。（中略）苦しみに耐えることだけで終えた高校時代。周囲に弱

## 4 シンパシーのスポーツマーケティング

音を吐くこともできず、自分の体調不良について悩みもがいていました。楽しかったはずの高校時代に何もできなかった悔しさが、今となっては「オリンピック出場と医師国家試験合格」という2つの目標達成の為の原動力、目の前にある貴重な時間を大切に過ごす為の原動力となっています。（中略）オリンピックに出たい、世界へ羽ばたきたい―。こう思うのは、同じように原因不明の病気に悩む中高生が世の中に多くいることを知ったからです。体調不良に悩む私のことをとても心配してくれた両親がその原因を探る中で、似たような症状に悩む同世代の仲間がいることを教えてくれました。（中略）将来は医師として、患者の気持ちをより理解できる、患者に寄り添った医療を目指します。そしてまた、病気や怪我に悩むスポーツ選手が心身ともに最高のパフォーマンスを実現するためのお手伝いを、医師として行っていけるよう、頑張りたいと思います！」

　資金援助者にはリターンとして「お礼の品」が紹介されている。3,000円の協力者に対しては本人からの感謝のメールが届く。10,000円に対してはメールに加えて直筆サイン入り色紙などがプレゼントされるが、50,000円以上の高額支援者向けには日本選手権の招待券の枚数を増やしたり、ミズノ製のバックパック（本人愛用モデル）が用意された。

　本人が期待した金額は187万円だったが、支援金の総額は目標をはる

### 表2　宮澤有紀のクラウド・ファンディング

| 支援金 | リターン（お礼） |
|---|---|
| 3000 円 | 本人から感謝メール |
| 10,000 円 | 本人から感謝メール<br>サイン入り色紙（写真付き）<br>サイン入りフェイスタオル |
| 30,000 円 | 本人から感謝メール<br>サイン入り色紙（写真付き）<br>サイン入りフェイスタオル<br>シューズケース（本人愛用モデル）<br>日本選手権壮行会招待券（写真撮影） |

かに上回る 2,873,000 円に達し、支援者は 217 人を数えた。平均すれば 13,240 円だが、中には 10 万円の支援者が 4 人も含まれていたのである。

サイトに掲載されたメッセージを紹介したのには理由がある。すべてのクラウド・ファンディングの試みが成功裏に終わるわけではないからである。中には希望額に対してほど遠い金額しか達成できないケースだって何件もある。人々の善意の行動はシンパシー（共感）にもとづくもので、損得では左右されないが、それだけに情報の質的側面は重要である。宮澤の文章はメッセージ性が高く、読んだ人々の胸を打ったに違いない。多くのネットユーザーが「いいね」と感じ、情報を拡散させたからこそ、成し遂げられた結果に違いないのである。

## 結び：共感が生むモチベーション

総務省の「情報通信白書」[2) によれば、SNS 利用者の情報拡散の基準は、「内容に共感したかどうか」が 46.2% で最も多く、「内容が面白いかどうか」が 40.4% でこれに続く。一方で発信者が有名人かどうかなどは意識されていなかった。面白いかどうかは若年層でスコアが高く、年齢が高くなるにつれ重視されなくなるが、共感は世代にかかわらず高かった。SNS で広く拡散される情報は、共感できるかどうかを基準にして選ばれる傾向があることがうかがえるのである。

加えて、私たちの心の中にはチャレンジャー（挑戦する人）を「応援したい」という気持ちがあるようである。2012 年に始まった熊本城マラソンは、約 10,000 人のランナーが参加するシティマラソンである。2 月 19 日に行われた第 1 回大会の中継は、ローカルテレビ番組として熊本放送（RKK）が午前 8 時から 11 時 30 分まで放送し、平均視聴率が 33.2%、瞬間最高視聴率は 43.4% に達した。番組占拠率も 59.9% と極めて高かった。同年の 6 月に開催された FIFA ワールドカップ予選、3 戦の平均視聴率（関東）がオマーン戦 31.1%、ヨルダン戦 31.6%、オーストラリア戦 35.1% だったことに照らし合わせると、午前に行われた市民マラソンとしては常識破

### 4 シンパシーのスポーツマーケティング

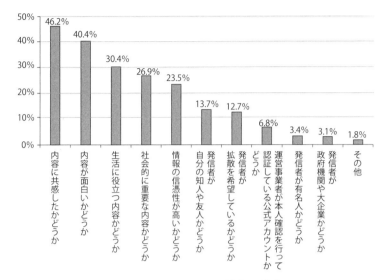

**図3　SNS 利用者の情報拡散の基準**
出典：総務省「情報通信白書」平成 27 年版より作成

りの数字ということが出来る[3]。

　さらに気温 2.5 度という厳しい寒さの中、人口 74 万人弱の熊本市民の約 2 割にあたる 15 万人が沿道で市民ランナーに声援を送ったという事実も凄い。スポーツが人々を惹きつけるのは何故か。その原点が共感（シンパシー）であることを確信させるイベントであった。

【注】
1)「スポーツマーケティング基礎調査 2016」三菱 UFJ リサーチ＆コンサルティング
2)「平成 27 年版情報通信白書」総務省
3)「年間高視聴率番組 30（関東地区）」ビデオリサーチ

# ⑤ FIFAの グローバル・ プロモーション

　FIFA ワールドカップがマーケティングの手段として企業から注目を集めるようになったのは、1978 年にアルゼンチンで第 11 回大会が開催されたあたりからである。今と異なるのは、タバコやハードリカーなどがスポンサーに名を連ねていたことだ。当時、国境を越えて市場を拡大していた欧米や日本の企業は、テレビの衛星ライブ中継の発展とともにワールドカップを国際的な広告や販促のツールとして評価し始めていた。当時のスポンサー企業が最も神経質になったのは放送時間や視聴者数に加え、テレビ中継の際のアドボードの映り込みである。つまりブランド露出が重視されていた時代であったと言えるだろう。

　現在、ピッチの周囲に設置されている LED アドボードの露出時間を拠り所に数億ドルのスポンサーシップを検討する企業はまずないだろう。しかしながらコンテンツとしてのワールドカップのメディア価値は、値上がりを続ける放送権料とそれを裏付ける積極的視聴の拡大で裏付けられている。2014 年大会は世界 207 の国と地域で放送され、32 億人が視聴した。この数字は 2010 年大会と同じレベルであり、世界人口の約半分に相当する。さらにドイツ対アルゼンチンの決勝戦を最低 20 分以上視聴した全世界の在宅視聴者数は 6 億 9,500 万人。言い換えれば、世界中の 10 人に一人がほぼ同時にテレビにかじりついていたことになるのだ。国際サッカー

連盟（FIFA）を取り巻く底なしとも言えるスキャンダルにもかかわらず、ワールドカップはファンを、メディアを、企業を惹きつけてやまない。世界で最も金を稼ぎ出すスポーツ、サッカーとその総本山 FIFA のマーケティング・プロモーションを解き明かそう。

## ワールドカップの経済インパクト

　2014 年サッカー王国、ブラジルで FIFA ワールドカップが行われた。同国での開催は 2 度目だが、前回は 1950 年だから 64 年ぶりである。スタジアム建設の遅れや、開催に反対するデモ、多発する凶悪犯罪など、いいニュースが聞こえてこなかったが、ブラジルにとってワールドカップの社会・経済的インパクトは計り知れない。イギリス、ロンドンに本社を置く大手監査法人アーンスト＆ヤング（Ernst & Young）は、大会の開催がもたらす経済波及効果を 142 億 3,900 万レアル（約 6 兆 4,000 億円、1 レアル＝45 円）と算出した[1]。内訳は大会運営経費や社会インフラの整備、さらには来訪者の支出合計などの直接効果が 29 億 6,000 万レアル、消費誘発などの間接効果が 112 億 7,900 万レアルである。これによる所得の押上効果は 63 億 4,800 万レアル、また税収の増額は 18 億 1,300 万レアルとした。同国の GDP が 2 兆 2,400 億ドル（約 224 兆円）だからかなり大きな効果と言える。

　ワールドカップ効果は開催国にとどまらない。2006 年に開催されたドイツ大会は日本に 4,000 億円以上の経済波及効果をもたらすとされたし（第一生命経済研究所）[2]、現に大会開催前月の薄型テレビの出荷実績は前年同月比 43% 増を記録した（JEITA 統計）[3]。

　広告統計を専門とするイギリスのゼニス・オプティメディア（ZenithOptimedia）[4] は 2014 年のグローバル広告費を前年比 5.5% 増の 537 億ドルと予測したが、これは 2012 年から 2013 年にかけての増加率を 1.6% 上回る「ワールドカップ効果」が織り込まれている。中でも南米の伸び率は 11.8% と強含んでおり、市場の活性化を期待した分析であった。

**5** FIFA のグローバル・プロモーション

　主催者である国際サッカー連盟（FIFA）が管理する事業スケールをみてみよう。アディダス、コカ・コーラ、エミレーツ航空、ヒュンダイ、ソニー、VISA。FIFA パートナーと呼ばれる 6 社のメーンスポンサーは 2006 ～ 07 年の時点で南アフリカ（南ア）とブラジルの 2 大会にまたがる 8 年、あるいはそれ以上の長期契約を結んだ。加えて、ワンランク下の協賛枠としてバドワイザー、カストロール、コンチネンタルタイヤ、マクドナルドなど 8 社のワールドカップパートナーがあり、これは南ア大会後に数社が入れ替わっている。

　スポンサーシップの総額 15 億 8,000 万ドルのうち多くを占めるのは FIFA パートナーの契約金である。FIFA は各社の契約金を明らかにしていないが、2007 年の調印時点でソニーの 8 年契約の合意金額は 3 億 500 万ドル（約 305 億円）と報道された。英国のスポーツ専門の調査・分析会社 [5] のサーベイを参照すると FIFA パートナー 6 社の契約金の合計額は 18 億 9,600 万ドル（ワールドカップ 2 大会を含む 8 年）。またワールドカップパートナー 8 社の契約金総額は 4 億 3,600 万ドルである。

　もっとも FIFA にとって最大の収益源はテレビ放送権である。全世界で 24 億 2,800 万ドル（約 2,480 億円）の売上を達成したが、中でもヨーロッパ各国の合計額は全体の約半分を占めると考えられる。FIFA が公表したブラジル大会の総事業収入は 43 億 800 万ドル（約 4,308 億円）で、23 億ドルだった 2006 年のドイツ大会を大幅に上回る結果となった。

**表 1　2014FIFA ワールドカップ・ブラジル大会事業収入**

| 項目 | 金額 | 備考 |
|---|---|---|
| テレビ放送権 | 24 億 2,800 万ドル | 内ヨーロッパ 12 億 8,900 万ドル |
| スポンサーシップ | 15 億 8,000 万ドル | 包括契約中 2014 ブラジル相当分 |
| ホスピタリティ | 1 億 8,500 万ドル | パッケージ、但しチケット含まず |
| ライセンシング | 1 億 1,500 万ドル | 記念グッズ等マーチャンダイジング |
| 総事業収入 | 43 億 800 万ドル | |

出典：FIFA Financial Report 2014

## FIFA 公式マークの変遷

　FIFA ワールドカップには大会ごとにオフィシャル・エンブレムとマスコットが生まれてきた。最初のマスコットは 1966 年のイングランド大会の「ワールドカップ・ウィリー」(World Cup Willy) で、ライオンがモチーフである (図1)。何故ライオンが登場したかというと、ライオンはイングランド王室の紋章に描かれており、イングランドサッカーの象徴であるからである。

　1904 年創設の FIFA が地球の半球を模ったロゴ、すなわちオフィシャル・エンブレムを採用したのは 1928 年であり、第 1 回ワールドカップ開催の 2 年前であった。エンブレムの基本的なデザインコンセプトは今世紀 (2009 年) にも引き継がれているが、1977 年に第 1 回目のデザイン改定がなされている (図2)。

　西ドイツ (当時) のシュトゥットガルト市で経営・税務コンサルタントとして成功したロルフ・デイル (Rolf Deyhle　1938 〜 2014 年) は、1974 年のワールドカップ西ドイツ大会を通じ FIFA との結びつきを深め、1977 年エンブレムの開発と登記を請け負った。デザイン改定は、それまでの地球儀のような緯度経度線を取りやめ、サッカーボールだと一目でわかるパッチワーク模様を採用したことである (図3)。

　エンブレムを開発したデイルはさらにマスコットに着手した。スポーツ

図1　FIFA ワールドカップ初のマスコット "Willy"

**5** FIFAのグローバル・プロモーション

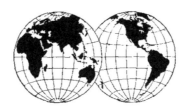

図2　FIFA初代エンブレム（1928〜76年）

図3　FIFA 2代目エンブレム（1977〜94年）

ビリー（Sport Billy）である（図4）。

　1978年、デイルは別会社の立ち上げを視野に、ビジネスパートナーに出版業界に明るいウォルフガング・スタイン（Wolfgang Stein）を迎え入れた。スタインは早速イギリスのアニメ専門会社の協力を得てスポーツ・ビリーという活発な少年のキャラクターを開発した。会社はスポーツ・ビリー・プロダクション（Sport Billy Productions）として業務を開始した。ロサンゼルスのスタジオでアニメ化されたスポーツ・ビリーのシリーズはドイツを始めヨーロッパで人気を博し、デイルとスタインはマスコットとしてFIFAに売り込むことに成功したのである。スポーツ・ビリーは1982年のワールドカップ・スペイン大会から1990年のイタリア大会までフェアプレー賞のトロフィーとして採用された。レッドカードの最も少ないチームに贈られてきたフェアプレー賞は、1978年までは表彰状と賞金だけだったのである。

　スタインはスポーツ・ビリー・プロダクションをテレムンディ（Tel-

*79*

図4　フェアプレー・トロフィー（スポーツビリー）

emunndi Group）と改め、モナコで法人登録し、事業拡大を進めた。FIFAが1994年のワールドカップ・アメリカ大会を境にデイルとの契約を破棄するまで、FIFAのあらゆる商標はデイル／テレムンディが握り、商品化など様々なビジネスを世界各国で展開して巨額の利益を得たのである。その権利にはサッカーの象徴ともいえるワールドカップトロフィーも含まれていた。1974年の西ドイツ大会で初めて、現在と同じワールドカップトロフィーが優勝国に手渡された。それ以前に使われていたジュールリメ杯は、1970年大会でブラジルが3回目の優勝を遂げたため、ブラジルにて永久に保管されることになり、新しいトロフィーが以後の大会のために準備されたのである。

**5** FIFA のグローバル・プロモーション

ロルフ・デイルはスポーツの権利・マーケティング・ビジネスのパイオニアの一人には違いない。しかし、FIFA の一部（当時）には非協力的だと批判的な立場の人間も存在したのも事実である。1982 年のワールドカップ・スペイン大会から本格化したスポンサーシップだが、デイルとの契約は有効だったために、真に統合されたパッケージになるのは 1994 年までかかってしまった。その間ライセンシングはもとより、オフィシャル・スポンサーの製品ジャンルに対してもデイルは権利を主張し、多額のロイヤルティを受け取れたのである。1994 年以降 FIFA オフィシャル・エンブレムのデザインは再度改められ、フェアプレー・トロフィーも変更された。

## FIFA のグローバル・プロモーション

サッカーは世界で最も人気の高いスポーツである。それに異議を唱える者はいないと思われるが、40 億人を超えるファンの数と 2 億 6,500 万人の登録プレーヤー数は他のスポーツを圧している。サッカーに次ぐのはバスケットボール、そして我が国では馴染みがないが、インド亜大陸で人気のクリケットである。

グローバル視点では野球はサッカーに遠く及ばない。一時期アメリカは各国への野球の普及を目指したが、結果的にはあまり浸透しなかった。日本、韓国などのアジアの数か国には定着したが、あとは皮肉なことに長く敵対関係にあったキューバとその他中米の小国にとどまったのである。サッカーが FIFA という国際団体の下に発展してきた歴史に比べると、野球がアメリカのプロリーグのイニシアチブから脱却できなかったことが結局この差になったといえるだろう。

FIFA のグローバルプロモーションは、一言でいうと機会を提供しつつ、露出を拡大することである。FIFA は組織としての使命を、「サッカーを世界の隅々まで広げること」としている。英語の文章では「FIFA's mandate is to develop football everywhere and for all. We turn the success of the FIFA World Cup into football development and redistribute its resources to the global football community.」と明言し、ワールドカップを成功させ、そこから得られる資源を世界のサッカーの発展のために再分配する、と具体的に方法論に踏み込んでいるのである。

今やわが国でもワールドカップを知らないという人はごく少数である。サッカーに興味がない人も、サッカーが好きではないという人もワールドカップは知っているであろう。しかし今から20年、30年前はどうであっただろうか？

サッカーの世界的浸透にワールドカップが果たした役割は計り知れない。第1回大会が1930年にウルグアイで開かれて以来、4年ごとに開催されてきたワールドカップはサッカーの象徴、最高峰の闘いである。2002年の日韓大会は第17回、過去1942年と1946年は第2次大戦の影響で中止に追い込まれた。現在開催が確定しているのは2022年の第22回カタール大会までである。

バレーボールなどさまざまなスポーツでも世界大会の名称として用いられているワールドカップだが、ほとんどの人がまず思い浮かべるのはサッカーのFIFA World Cupであろう。日本では文字数の配慮からW杯と記述されることが多く、ドイツではWMで充分だ。またスペイン語圏の国々ではカップを意味するCopaで誰もが理解する。説明は不要である。

FIFAワールドカップの影響力を客観的にみるために便宜的に3段階のフェーズに分けて考えよう。

## 第1フェーズ

第1回ウルグアイ大会から第11回まで、ヨーロッパでの開催が6回、ラテンアメリカで5回開催された。南米とせずにラテンアメリカとしたのはメキシコが含まれているからである。大会の規模は、第1回のみ13カ

**表2 FIFAワールドカップの推移**

| 第1フェーズ | 第1回～第11回 | 1930～1978年 | 参加13～16ヵ国 |
| 第2フェーズ | 第12回～第15回 | 1982～1994年 | 参加24ヶ国 |
| 第3フェーズ | 第16回～第22回 | 1998～2022年 | 参加32ヵ国 |

国であったが、基本的に 16 ヵ国の参加で行われた（但し、第 3 回と第 4 回は出場辞退などで 16 ヵ国揃わず）。この時期、サッカーのレベル、人気ともにヨーロッパ及びラテンアメリカと他の大陸の格差は歴然であった。従って、参加国枠は、例えば 1966 年のイングランド大会においてはアフリカ・アジア・オセアニアで 1 枠、1970 年のメキシコ大会で若干緩和されたもののアフリカ 1 枠、アジア・オセアニアで 1 枠という狭き門であった。

## 第 2 フェーズ

第 12 回の 1982 年スペイン大会から第 15 回までの期間には大きな変化があった。まず国内サッカーリーグがないアメリカで 1994 年に第 15 回大会が開催されたこと。そして、大会の規模が 8 ヵ国増え、16 ヵ国から 24 ヶ国に拡大したことである。そのおかげでアフリカは 2 枠、アジア・オセアニアも 2 枠の出場枠を手にしたのである。試合数もそれまでの 38 試合から 52 試合に増加した。尚、日本は 1986 年メキシコ大会の出場枠を争う東アジアの最終予選で韓国に敗れて出場を逃し、さらに 1994 年のアメリカ大会に向けてのアジア最終予選でも得失点差で 3 位となり、出場は叶わなかった。いわゆる「ドーハの悲劇」である。

## 第 3 フェーズ

第 16 回のフランス大会から大会規模はさらに拡大し、24 ヶ国から 8 ヵ国増え、32 ヵ国になった。そして、アフリカが 4 枠、アジアが 3 ないし 4 枠（最後の 1 枠はオセアニアの 1 位とのプレーオフ）に増枠したのである。2 グループに分かれて争われたアジア予選で日本はグループ 1 位通過は逃したものの、2 位同士の決定戦を制して初めてのワールドカップ出場を果たした。いわゆる「ジョホールバルの歓喜」である。また開催国にも大きな変化が見られた。言うまでもなく 2002 年はアジア初、そして初めての 2 国共同開催であったが、2010 年以降の開催国は南アフリカ、ブラジル、ロシアといずれも BRICs 諸国である。

現在開催地が決まっているのは 2022 年のカタールまでであるが、2026 年からは出場国をさらに増やして 48 ヵ国にする案が FIFA 理事会で承認されている。1982 年以降 FIFA は一貫してワールドカップの拡大戦略をとってきた。拡大戦略はアジア、アフリカ諸国の可能性を広げ、当該地域におけるサッカーのレベルアップと表裏一体を成すものとして実施されてきた。

　1983 年に韓国でプロリーグがスタートし、人気、実力ともに向上した。1990 年にサウジアラビアでサッカーリーグがプロ化、1993 年には我が国でJリーグが開始されたのである。Jリーグは当初爆発的な人気を博したが、もしも 1998 年のワールドカップフランス大会に出場できていなかったなら、サッカーが今のように日本社会に浸透したか怪しいと言わざるを得ない。そして、1998 年大会のアジア出場枠が拡大していなかったなら、日本代表がワールドカップに歩を進められたかどうか、確信は持てないのではないだろうか。

　ワールドカップの開催地選定もサッカー人気の起爆剤になる。1994 年のワールドカップ開催 2 年後にアメリカではプロリーグ、メジャー・リーグ・サッカー（MLS）がスタートした。MLS は次第に参加チームを増やし現在 22 チーム（内カナダ 3 チーム）で開催されている。アメリカンフットボール（NFL）や野球（MLB）にビジネス規模では遠く及ばないが、国ごとの競技人口では 2,400 万人以上と中国に次いで世界 2 位までに育っているのである。

　アフリカ諸国の急速なレベルアップは、優れたプレーヤーをヨーロッパのクラブに輩出していることからも明らかであるし、日本からは現時点でも 20 人ほどがヨーロッパサッカークラブに所属し、サッカーの実力向上を裏付けている。

## サッカー・ディベロップメント・プログラム

　名声から一転してダークなイメージの中で人生を閉じた FIFA の第 7 代

## **5** FIFA のグローバル・プロモーション

会長ジョアン・アヴェランジェ（Joao Havelange 1916 年〜 2016 年）は相反するさまざまな人物評があるが、間違いなく改革者ではあった。改革者としての信念はサッカーを確固たる世界ナンバーワンのスポーツにすることである。1974 年の FIFA 総会で会長に選出されると、アヴェランジェはアディダスとの絆を強めていった。もともとシューズメーカーだったアディダスは 1963 年からサッカーボールの製造を開始していたが、FIFAの公認球として採用されたのは 1970 年のメキシコワールドカップが最初である。テルスター（Telestar）と名付けられたボールはパッチを縫い合わせるバックミンスター（Buckminster）タイプの黒白ツートンカラーで、まだ受像機自体のカラー化が進んでいなかった時代でもテレビ中継を通じて「よく目立った」と評されている。ちなみにメキシコ大会は世界生中継が行われた最初のワールドカップである。

1974 年のワールドカップの開催国は西ドイツ（当時）である。FIFA へのアプローチを強めたアディダスは、自社とは異なる業種でスポーツを通じた世界戦略を立てていた企業と親密になり、その企業を FIFA に紹介した。コカ・コーラ（The Coca-Cola Company）である。コカ・コーラは FIFA と 2 つの領域をカバーする大型のパートナーシップ契約を締結した。ディベロップメント・プログラムとユース・プログラム（Youth Programme）である。コカ・コーラは 1,000 万ドルを投じてプログラムはスタートした。

ディベロップメント・プログラムは、FIFA/Coca-Cola Development Programme が正式名称である。第 1 期は 1975 年に始まり、1978 年までに 74回（箇所）で開催された。最も数多く行われたのはアフリカで 26 回、ついで中米・カリブの 20 回である。内容は、サッカーが「発展途上」にある国で、組織運営、コーチング、スポーツ医学、レフェリー指導を行うもので、FIFA が派遣する専門家が指導する。

その後プログラムは内容と名称を変えながらも、インターナショナル・アカデミー、ワールド・ユース・アカデミーとして 2000 年まで継続し、世界各地で合計 439 回開かれた。アフリカで 146 回、アジアでは 120 回、

*85*

中米・カリブ地域で 101 回などで、この結果サッカーのレベルが世界各地で向上し、クラブチームにおける所属選手の多国籍化やワールドカップそのものの拡大にも間接的につながったといえるだろう。

ユース・プログラムは 20 歳以下の若者のみに出場権を与える世界大会の設立を意図したもので、ディベロップメント・プログラムとともにサッカー文化の底上げを促す車の両輪である。1977 年の第 1 回大会はワールド・ユース・トーナメント（World Youth Tournament）の名称で北アフリカのチュニジア共和国で行われた。後に実現する FIFA の様々なカテゴリーの大会もそうだが、新しいイベントが創設されてしばらくは「試運転の期間」として、FIFA は選手権（Chanpionship）という表現を適用しない。一定の評価が定まって初めて選手権と名付けるという慎重な対応をしてきている。ワールド・ユースの第 2 回は 1979 年に日本で開催され、成功を収めた。そこで開催回数としては第 3 回にあたる 1981 年の 20 歳以下の大会から、世界ユース選手権大会・FIFA コカ・コーラ杯（FIFA World Youth Championship for the Coca-Cola Cup）と改めた。

コカ・コーラのユース・プログラム契約満了に伴い、現在の大会名称は FIFA U-20 ワールドカップ（FIFA U-20 World Cup）である。2007 年のカナダ大会から名称変更された。これは FIFA 主催の様々な世界大会を「ワールドカップ」というシンボリックなイメージに統一するためである。

2017 年の大会は韓国で開催されるが、過去の開催国を見ると、1979 年当時の我が国をはじめ、オーストラリア、サウジアラビア、カナダ、ニュージーランドなど FIFA はサッカーが未成熟なマーケットを主催国に選んできた経緯が明らかである。

参加国枠も重要な要素である。たとえば日本ユース代表は 1995 年以来 7 大会連続で出場を果たしてきた。特筆すべきは、1999 年のナイジェリア大会での準優勝である。あと一歩で優勝に届かなかったものの、自信をつけた主力メンバーは翌年のシドニーオリンピック（23 歳以下）のベスト 8、2002 年ワールドカップのベスト 16 と実績を重ねた。

U-20 の出場国は当初 16 ヵ国でスタートし、1997 年から 24 か国に拡大

**5** FIFA のグローバル・プロモーション

表3　FIFA U-20 ワールドカップ

| 年 | 開催国 | 年 | 開催国 |
|---|---|---|---|
| 1977 | チュニジア | 1997 | マレーシア |
| 1979 | 日本 | 1999 | ナイジェリア |
| 1981 | オーストラリア | 2001 | アルゼンチン |
| 1983 | メキシコ | 2003 | UAE |
| 1985 | ソビエト連邦 | 2005 | オランダ |
| 1987 | チリ | 2007 | カナダ |
| 1989 | サウジアラビア | 2009 | エジプト |
| 1991 | ポルトガル | 2011 | コロンビア |
| 1993 | オーストラリア | 2013 | トルコ |
| 1995 | カタール | 2015 | ニュージーランド |

して現在に至っている。FIFA ワールドカップが 24 か国で争われていた時代、出場枠はアジアに 2 枠しか与えられなかった。一方、U-20 ワールド・ユースは、ヨーロッパから 6 か国出場できるほかは南米、北中米カリブ、アフリカ、アジアから等しく 4 か国ずつ参加できるというフェアなルールが当初から設定された（オセアニアは 2 枠）。これはアジアやアフリカで出場を目指す国にとってたいへん魅力的である。選手にとって世界大会の本戦での経験は何物にも勝るからである。

　FIFA はこのようにしてサッカー未成熟国の、協会、選手そして潜在的なファンに対し機会を与え、魅力を露出し、成長を促してきたのである。


　U-20 の定着を確信した FIFA が打った次の手は 17 歳以下の大会の創設であった。現在、U-20 と同じく FIFA U-17 ワールドカップとして知られる、いわゆるジュニアユースの世界大会が企画されたのは 1985 年である。

　この年齢のイベントもコカ・コーラの包括契約の範囲だった。したがって、メーンスポンサーとしての第 1 優先権をコカ・コーラが行使しないことを確認した上でイーストマン・コダックがプレゼンティング・スポンサーに決定したという経緯がある。1985 年の最初の大会は FIFA アンダー 16 トーナメント・フォア・コダックカップ（FIFA Under-16 Tournament

図5　第1回FIFA世界ユース選手権・コカ・コーラ杯　公式エンブレム

図6　FIFAアンダー17世界選手権・JVC杯

for the Kodak Cup）として中国の4都市で行われた。コダックは1回だけで撤退し、1987年のカナダ大会から日本ビクターがトロフィーを提供することとなりFIFAアンダー16トーナメント・フォアJVCカップ（FIFA Under-16 Tournament for the JVC Cup）に大会名称も変更された。1991年大会からはイベントの格がアンダー17世界選手権フォアFIFA/JVCカップ（Under-17 World Championship for the FIFA/JVC Cup）にグレードアップされ、年齢については各大陸での予選ラウンドへの出場を目指す少年サッカープレーヤーの学年等を考慮した形で1歳引き上げられた。

　1993年の大会は日本が開催国として手を挙げた。将来のワールドカップ招致に向けてのアピールである。日本サッカー協会（JFA）は国際大会の運営能力が十分備わっていることを世界に示す絶好の機会として、1992年のアジアカップサッカー（Asian Cup）とアンダー17選手権の自国開催を決め、着々と準備を進めたのである。

　U-20と同じく、開催国には中国、カナダ、日本、エクアドル、ニュージーランドといったサッカー途上国が名前を連ねている。日本ビクターは

**⑤ FIFA のグローバル・プロモーション**

表4　FIFA U-17 ワールドカップ

| 年 | 開催国 | 年 | 開催国 |
|---|---|---|---|
| 1985 | 中国 | 2001 | トリニダード・トバゴ |
| 1987 | カナダ | 2003 | フィンランド |
| 1989 | スコットランド | 2005 | ペルー |
| 1991 | イタリア | 2007 | 韓国 |
| 1993 | 日本 | 2009 | ナイジェリア |
| 1995 | エクアドル | 2011 | メキシコ |
| 1997 | エジプト | 2013 | UAE |
| 1999 | ニュージーランド | 2015 | チリ |

1997 年までメーンスポンサーを務め、2007 年大会から FIFA U-17 ワールドカップ（FIFA U-17 World Cup）に名称が統一された。

　アンダー 17 もワール・ドユースと同じく 16 ヵ国の参加でスタートし、その後 24 か国に拡大して開催を重ねてきた。大陸別の枠もヨーロッパの 6 枠以外は各大陸から 4 か国ずつ出場できる。アンダー 17 ワールドカップは、地区予選の段階から将来性のある少年たちにプレーの機会と希望を与え、開催国のサッカー協会にとっては複数都市にまたがるイベント運営の経験を得る貴重な場となってきたのである。

　日本サッカーにとっても、1979 年のワールド・ユース日本開催、1999 年の準優勝を含む大会参加、1997 年のアンダー 17 日本開催などが競技レベルの向上や底辺拡大に果たした功績ははかり知れないものがある。

## 「ワールドカップ」のプラットフォーム化

　4 年に 1 度のサッカーの祭典と称されるように、他のスポーツ大会と同様 FIFA ワールドカップも定期開催される「点」のイベントであった。1 カ月という長い熱狂の日々とはいえ、勝者が決まれば次第に人々の関心も薄れ、4 年の月日が流れるのが常だった。しかし近年はそうではない。今ワールドカップは点ではなく線、あるいは面として存在感を高めている。

*89*

その理由のひとつが解説したアジア、アフリカなどのサッカー新興地域の参加枠拡大である。

　もう一つがFIFA主催のさまざまなレベルの世界選手権を導入し、全て「ワールドカップ（World Cup）」に統一したことである。なでしこジャパンの活躍で注目度が高い女子ワールドカップ（Women's World Cup）。そして男女のU-20、U-17を始めとしてフットサル、ビーチサッカー、そしてトヨタカップの発展形であるクラブ・ワールドカップ（CWC）まで世界のどこかで何らかの「サッカーワールドカップ」が開かれている。

　さらに世界ランキングや長期にわたるホーム・アンド・アウェイの地区予選の実施も影響大である。これにより1試合ごとに各国でワールドカップへの関心が高まり積み上げられる。さらに、それを決定づけるのがFinal Drawと呼ばれる本大会の前年末に行われるショーアップされた組み合わせ抽選会である。

　FIFAランキング（FIFA/Coca-Cola World Ranking）はFIFAにより発表されるナショナル・チームの世界ランキングである。1993年から発表が始まり、FIFAに加盟する各国・地域の男子A代表の過去4年間の国際Aマッチの成績をもとにポイント化し、集計して毎月発表される。スポンサーはコカ・コーラである。スポーツのランキングとしては個人スポーツのほうが親和性があり、男子プロテニス協会（Association of Tennis Professionals）のATP世界ランキングが1973年から、女子のWTA（Women's Tennis Association）世界ランキングが1975年から発表されている。個人スポーツと異なり、団体スポーツのナショナル・チームはメンバーが固定ではなく常に入れ替わる。従ってチームの力量は流動的であるが、それでもヨーロッパ選手権（EURO）などの大陸選手権の結果以外でナショナル・チームの「強さ」を相対的に示すものとして次第に注目されるようになった。

　大陸ごとの予選はグループ分けをした上でホーム・アンド・アウェイの総当たり戦を実施する。よって、試合数が多く、期間もかなり長くかかる。

## 5 FIFAのグローバル・プロモーション

ヨーロッパ（UEFA）管轄では、54ヵ国を9グループに分けた。各グループの試合数は30となり、合計270試合を行う。グループ1位の国が自動的にワールドカップの出場権を得、プレーオフによって2位の国から上位4ヵ国が出場できることになる。アジア（AFC）は複雑である。実力差があるため、1次予選に12か国が参加し、ホーム・アンド・アウェイで12試合、シード国が加わった2次予選は5ヶ国、8グループによるホーム・アンド・アウェイで合計160試合（20試合×8）。さらに2次予選通過の12か国を2グループに分けたホーム・アンド・アウェイ総当たりで3次予選を合計60試合をこなすのである。アジアの予選試合数はプレーオフを含めると236になる。アフリカや南米の説明は省くが、世界中でほぼ1年をかけて1,000試合近い膨大なワールドカップ予選（FIFA World Cup Qualifiers）がさまざまな都市のスタジアムで行われるのである。

例として2014年のFIFAワールドカップ・ブラジル大会から2018年ロシア大会の間の3年にどのような試合が組まれ、つながりが実現されているか示してみよう（図7）。

このように人々はいつも「ワールドカップ」とつながりを持ち、一喜一憂したり、怒りを覚えたりする。結果としてワールドカップはコミュニケーションのプラットフォームとして常にアクティブに保たれる。結果、社会

図7　ワールドカップからワールドカップへの橋渡し

の関心の中から関連ビジネスも生まれやすいと考えられるのだ。

## 結び：もう一つのワールドカップビジネス―代表チーム

　プロスポーツであるサッカーの基本は各国のリーグ戦である。シーズンを通してエンタテインメントとして人気があるのでスポンサーシップも盛んだし、放送権も高値で取引される。それに対してナショナル・チーム（代表）は適宜召集されるだけの実体感に乏しい存在だった。しかしワールドカップのプラットフォームとしての役割が確立されるにつれ、各国において代表に対する期待感やシンパシーが常態化するようになった。結果として代表の商業的価値も高まっていった。日本も例外ではない。SAMURAI BLUE に対する好意は 4,000 万人近くの国民に共有され、他に比較する対象が見当たらないほどの人気である。

　FIFA ワールドカップのスポンサー各社とは異なる、ライバル企業による協賛も各国で盛んだ。例えばドイツの場合、メルセデス・ベンツ、ビットブルガービール、ドイツテレコムなどがプレミアム・パートナーとして代表を支えている。協賛金の総額は年間 5,000 万ユーロを下らない。ちなみにワールドカップの車とビールの公式パートナーは、メルセデスではなくヒュンダイ、ビットブルガーではなくバドワイザーである。日本は何年にもわたってキリンが代表の活動を支えている。現行契約は、2015 年〜2022 年の長期にわたり、契約金は年間 25 億円。総額約 200 億円の超大型契約である。アルゼンチンは協賛金総額 4,000 万ドル、イングランドは 3,500 万ポンド以上のスポンサーシップを得ており、世界中でワールドカップに連動した巨大なビジネスが生まれているのである。

【注】
1)　"Social and Economic Impacts of the 2014 World Cup", Ernst & Young Brazil, 2011
2)　「サッカードイツ W 杯の経済効果」第一生命経済研究所、2005 年 9 月
3)　「民生機器国内出荷実績」電子情報技術産業協会、2006 年
4)　"Advertising Expenditure Forecast", ZenithOptimedia, April 2014
5)　"Sports Market Insight", Sportcal, June 2010

# ⑥ アンブッシュする スポーツ マーケティング

　スポーツのスポンサーシップは、当事者間の契約により成立する。契約によりチーム、団体などの権利保有者から一定の条件で権利が付与され、対価の支払いがなされるのである。多くのスポンサーシップ契約は、カテゴリーを明解にした上での独占排他（Exclusivity）を前提として成立する。一部の例外的な産業を除けば、企業は競合会社との開発、販売競争に常にさらされているわけであり、スポンサーシップはライバルが出来ないことをやる。ライバルに「勝つ」ためのマーケティング・コミュニケーション手段でなければならない。ところが、時に独占的に得たはずの権益が侵されることがある。手続きを踏むことなく、特定のスポーツ（イメージ）を無許可で利用する「便乗商法」が出現する事態にも備えなくてはならない。権利を有さない企業があたかも権利を有するがごとき商行為を行うこと―アンブッシュ・マーケティングを実例とともに検証していこう。

　アンブッシュ（Ambush）は英語の単語で、その意味は、待ち伏せや不意打ちによる攻撃である。マーケティングの専門用語として定着したが、アイディアや用語の生みの親は1980年代にアメリカン・エキスプレスのグローバル・マーケティング・マネージャーとして活躍したジェリー・ウェルシュ（Jerry Welsh）と言われている。アンブッシュ・マーケティングは、

93

正当な手続きを経てスポンサー活動を行う企業にとって、有償で獲得した独占排他権が損なわれる事態だ。それを未然に防いだり、不正行為を取り締まることは権利保有者サイドが担うべき責務である。一方、アンブッシュ・マーケティングの行為者企業は、法令違反に該当しない範囲で、工夫を凝らし、オフィシャル・スポンサーなど公式な立場となった競合社に対抗するのである。権利金というコストをかけずにマーケティング上の効果が得られれば、それに越したことはない、という経営判断もあるだろう。

　皮肉なことに、アンブッシュ・マーケティングが出現するということは、スポーツが有効なマーケティング手段であることを証明しているのである。


　アンブッシュ・マーケティングの主な行為を列挙しておこう。
・公式マーク等の知的財産の無断使用
・公式マーク等の改ざん・デフォルメ
・特定のスポーツ（オリンピックなど）を連想させる表現
・競技会場の近隣での広告掲出（看板など）
・競技会場周辺でのサンプリングやデモンストレーション
・イベント開催地での当該スポーツに関係する販売促進活動

## 広告表現上のアイディア

　2014年FIFAワールドカップ直前のパナソニックのVIERA4K薄型テレビの広告には、開催国ブラジルのスター選手ネイマールが起用された。パナソニックはオリンピックのワールドワイド・パートナー（TOP）の一社であり、2016年リオデジャネイロオリンピックを控えての広告出演契約であることは疑いない。しかしながら、この広告キャンペーンは以下の問題を内包している。
1. FIFAワールドカップに人々の注目が集まっている時期に実施されたキャンペーンである。

**6** アンブッシュするスポーツマーケティング

2. FIFA ワールドカップの中継は確実に視聴率が高いことが予想されており、テレビ受像機の新規・買換え需要が見こまれていた。

3. 大会での活躍が「最も」期待されていた、と言っても過言ではない開催国ブラジルのネイマール選手を起用している。

4. サッカーの試合の模様も広告に取り上げられているので、直近に迫ったFIFA ワールドカップを連想することは自然である（オリンピックは2年先である）。

5. FIFA ワールドカップのオーディオ・ビデオカテゴリーのオフィシャルパートナーとしてソニーが前回の 2006 年ドイツ大会から継続して契約しており、それは周知の事実であった。

6. 広告表現では、ネイマールはFC バルセロナ所属であることが明快になっており、ブラジル代表の身分ではなく、ワールドカップを連想させる文言は見いだせない。

　以上の考察から、パナソニックのキャンペーンは極めて巧みであり、グレーに近いと評することは出来なくはないが、よく考えられたクリエーティブ・ワークだったといえるだろう。

　広告のクリエーティブは広告主と消費者の間で何らかの世界観を共有するためのテクニックである。スポーツは対象者が心に描きやすい普遍的なテーマであり、表現の是非をコントロールすることは極めて難しい。

## スポンサー間の調整が法廷に持ち込まれた

　スポーツ大会で正式にスポンサーシップ契約を締結したのにもかかわらず、契約上の独占権が問題になったケースがある。スポンサーの順位が独占排他の条件に影響を与えたのである。この案件はアメリカにおいて法廷に持ち込まれ、決着がついた。勝訴したのはマスターカード。敗訴はスプリントである。

　1994 年の FIFA ワールドカップ・アメリカ大会。同大会の企業協賛のセールスは 4 段階のピラミッド構造のヒエラルキー（ライセンシーを入れると

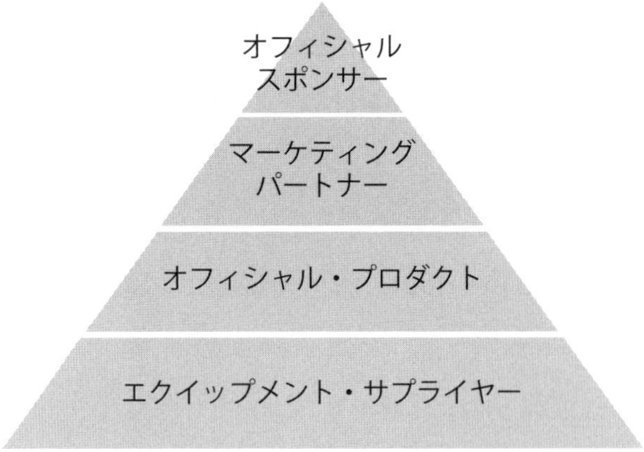

オフィシャル
スポンサー

マーケティング
パートナー

オフィシャル・プロダクト

エクイップメント・サプライヤー

**図1　ピラミッド構造のヒエラルキー**

5段）を想定し、FIFAのマーケティングエージェントのISL Marketing（ISL
社）と大会組織委員会（USA1994 Inc.）で役割分担をして進められた。ISL
社と同社と提携する電通が販売したオフィシャル・スポンサー枠にはコカ・
コーラ、キヤノン、富士フイルム、マクドナルド、GM、マスターカード
などが決定し、組織委員会がプロモートしたマーケティング・パートナー
の枠はアディダス、アメリカン航空、バドワイザー、スプリントなどが顔
をそろえた。

　スプリントはアメリカの電話会社の1社で、ソフトバンクが2013年に
買収したことで我が国でも一躍名が知られることになった。マスターカー
ドは「カードペイメント」のカテゴリーでオフィシャル・スポンサーとし
て独占排他契約を締結。前回1990年のイタリア大会のオフィシャル・プ
ロダクト協賛からステップアップした。一方、ワンランク下のマーケティ
ング・パートナーの1社にスプリントが決まった。スプリントの独占契約
カテゴリーはテレコミュニケーション。当時は固定電話の時代で、携帯電
話（セルラーフォン、Celluler phoneと呼ばれた）はまだそれほど普及し
ていなかった。

　過去スポーツ協賛の経験がなかったスプリントだったが、組織委員会が

*96*

## 6 アンブッシュするスポーツマーケティング

期待したのは、国際通信回線の維持とスポーツイベントで初めて本格導入されたインターネットによる情報システム構築への協力であった。一方、当時は長距離電話キャリアー間の競争が激化していた時代であり、スプリントにとっては、顧客の囲い込みが営業上の優先課題であった。アメリカでは長距離電話をかけることが日常的に多く、テレフォンカード（Calling card）は必携アイテムである。そこで、スプリントは組織委員会との交渉の中でも電話サービスの一環としてのテレフォンカード発行が含まれることを確認し、契約に至ったのである。

当時スプリントのコンシューマー部門のトップだったトム・ウェグマン（Tom Weigman）は、コレクターアイテムとしての魅力があったテレフォンカードによって顧客の関心を高め、ビジネスの拡大を図るつもりだった、と明かしている。実際、ワールドカップの公式マーク類をデザインしたり、大会参加各国チームごとのイメージを工夫して何種類ものカードを準備したのである。ところが、オフィシャル・スポンサーのマスターカードから待ったがかかった。クレジットであろうが、デビットであろうが、プリペイドであろうが、あらゆるカード形態の支払い方式はマスターカードの独占排他カテゴリーである、との主張であった。組織委員会、ISL社を巻き込んだ論争は裁判に持ち込まれ、ニューヨーク地裁においてスプリントは敗訴することになった。スポンサーヒエラルキー上、上位であり、かつ契約でカードペイメントの独占が明示的であったとしてマスターカードの排他性が認められたのである。ウェグマンは、マスターカードの過度の固執

図2　ワールドカップ94のテレフォンカード

97

に驚いたとする一方で、契約において疑問の余地がないような文案にすべきだったと邂逅する。

　敗訴したスプリントには悪意のあるアンブッシュ・マーケティングを展開する意図はなかった。しかしながら、契約を進める上で解釈が玉虫色の条件をあいまいにしたまま楽観的に捉えると、見えないリスクを抱えかねない。特に、権利を付与する側が複数存在するこのケースのような場合は解釈に差が出て当然であり、当事者は慎重な対応が求められるのである。

## メジャーイベント会場での便乗キャンペーン

　注目度の高いイベントの場を巧みに利用して来場者の注目を引き、販売促進を実現した事例である。

　場所は 2009 年の全英オープンテニス。約 24,000 缶（パッケージ）のプリングルス・ポテトスナックがウィンブルドンの会場外で配布された。このゲリラ・キャンペーンを取り仕切ったのは PR 会社のタッチ社（Touch）である。プリングルスは日本を含む世界各国で販売されているが、そのパッケージは多くのポテトチップのような袋入りではない。スナックが割れないように筒状の容器に入っており、食べかけでも蓋ができる形状になっている。この筒状の容器がテニスボール 4 球入りの缶に似ているところから企画されたアンブッシュ・マーケティングである。ロジャー・フェデラーとビョルン・ボルグのそっくりさんを起用してのデモンストレーションも注目を浴びた。製造元の P&G（当時、現在はケロッグ）は全英オープンのスポンサーではなく、単なる便乗プロモーションであるが、イギリスを代表する新聞であるデイリー・テレグラフを始めとする新聞各紙やラジオ番組でも取り上げられ、話題を振りまいたのである。

　全英オープンのオフィシャル・サプライヤーの 1 社にはテニスボールのスラゼンジャー（Slazenger）があり、同社はたいへん長期にわたり契約を継続してきている。スラゼンジャーは黙認したと思われるが、プリングルスの特製缶には「THESE ARE NOT TENNIS BALLS!」（テニスボールではあ

6 アンブッシュするスポーツマーケティング

図3　ウィンブルドンの会場外で配布されたプリングルス

りません）と明示してあることから、仮に法的に対抗したとしても差し止めは困難だったろう。

　ユーモア溢れる企画であることも手伝って、アンブッシュの成功事例としてイギリス以外のヨーロッパ各国のマーケティング業界でも話題になったアイディアである。

## 世界の目が釘づけになったプロダクト・プレースメント

　第3回FIFA女子サッカー世界選手権（現女子ワールドカップ）は1999年の6月から7月にかけてアメリカのカリフォルニア州で開催された。当時からアメリカ女子チームは強く、活躍が期待されていたが、中国が着実に力を付けつつあった。ちなみに日本女子代表は、出場したものの1勝もできずにグループリーグで敗退している。

　大会は記録的な注目を集め、7月10日、ロサンゼルス郊外のローズボウルで決勝戦を迎えた。予想通りのアメリカ、中国の2強対決になったスタジアムには何と90,000人を超える観客が集まった。試合は双方譲らず、0対0でPK戦に突入。3人目が失敗した中国に対し、アメリカの5人目のキッカー、ブランディ・チャスティン（Brandi Chastain）が見事決勝ゴー

99

ルを決めた。

　歓喜のチャスティン選手は即座に、男子選手がよくやるように上半身のユニフォームを脱ぎ去り、振り回しながらピッチ上に跪き、ガッツポーズをしたのである。全員の目が釘づけになったホワイトのジャージーの下に彼女が身に着けていたのはナイキの新製品である黒のスポーツブラであった。

　この試合はアメリカ各地のスタジアムでパブリックビューイングによる中継が実施され、66万人以上が詰めかけたといわれる。アメリカ国内のテレビ中継も4,000万人以上が視聴した。さらに、チャスティン選手の歓喜の写真は、「YES!」の見出しとともに雑誌タイム、ニューズウィーク、スポーツ・イラストレーテッドの表紙を飾ることになったのである。

　大会自体のスポーツ用品カテゴリーの公式スポンサーはアディダスで、アドボードを掲出し、公式球やレフェリー・ユニフォームも提供していた。しかし、ライバル企業の予期せぬ「露出」でスポンサーとしての存在感が大きく損なわれたと判断せざるを得ないだろう。チャスティン選手は「あ

図4　チャスティン選手のガッツポーズを表紙に選んだ Sports Illustrated 誌

のアクションは全くの自然」と断言。またナイキはアメリカサッカー代表チームのスポンサーではあるが、選手たちに何らかの要請をした可能性を否定している。

アンブッシュと決めつけることは出来ないが、権利を得ずにこれほどの成果を上げたスポーツマーケティングの事例はほとんど存在しないと思われる。

## オフィシャル・スポンサーの活動に真っ向から挑んだケース

ここで取り上げる3件のケーススタディは極めて攻撃的なマーケティング手法である。特に初めに紹介するクレジットカードの事例は、たいへん有名な案件であり、年月を経てなおアメリカなどではスポーツマーケティングの講座においてアンブッシュ・マーケティングの「教科書」的に扱われることが多いと聞く。

### クレジットカード戦争

オリンピックの独占スポンサーシップをめぐる争い（Credit Card Wars）は長期戦であった。商業化を前面に出した1984年のロサンゼルスオリンピックでは、多くのアメリカを代表するグローバル企業がオフィシャル・スポンサーとして名を連ねた。商品・サービスカテゴリーごとに募集されたスポンサーの中で、クレジットカードの独占権を得たのはアメリカン・エキスプレス（アメックス）である。

国際オリンピック委員会（IOC）がグローバル・スポンサーシップ・プログラムを構築し、TOP（The Olympic Partner）プログラムと名付けてセールスを開始したのは1985年であった。パッケージに含まれる大会は1988年に開催されるソウルと冬季のカルガリーが対象である。当初から最有力視されていたアメックスが金額（一説では800万ドルと言われている）で折り合わず、交渉が暗礁に乗り上げた時、にわかに脚光を浴びたのがビ

ザ（VISA）であった。当時 VISA の広告を扱っていたアメリカの広告代理店 BBDO はちょうど対アメックスの積極的な広告キャンペーンを立案中であった。BBDO のクリエーティブスタッフがつくった「Bring your Visa card, because the Olympics don't take American Express（VISA カードをお持ちなさい、オリンピックはアメックスを受付ません）」というキャッチフレーズが VISA の経営陣に大いに受けたのである。1985 年 12 月、VISA は 1,450 万ドルのスポンサーシップに合意し、すぐさまオリンピックキャンペーンを開始した。VISA のグローバルセールスは最初の 3 年で 18％も増加し、オリンピック開催期間中のカード使用実績は通常より 21％も増えるという期待以上の成果をもたらしたのである。

　VISA の登場に危機感を覚えたアメックスは、アジア各国で「オリンピック・ヘリテージ・コミッティ」というスイスに存在するとする架空の団体をテーマに掲げ、IOC の抗議を無視して広告を展開した。さらに、1986 年にソウルで開催されたアジア大会の開会式の写真を使用し「Amex welcomes you to Seoul（アメックスは貴方をソウルで歓迎します）」というキャッチフレーズをあしらって、オリンピックを想起させる広告を出稿したのである。

　VISA は TOP プログラムのスポンサーシップ契約を更新し、「The Olympics don't take American Express」キャンペーンを継続して、アメックスがスポンサー契約をせず、クレジットカードでのチケットの購入や、競技場内でのショッピングは VISA しか使用できないことを強くアピールした。

　アメックスは VISA のキャンペーンはオリンピック開催都市でアメックスが一切使用できないという誤解を呼び、誇大広告の疑いがあるとして抗議する一方で、シニカルな広告クリエーティブで VISA への攻撃を強めた。1994 年のリレハンメル冬季オリンピックに向けての同社のキャッチフレーズが以下の文章である。

「If you are travelling to Norway this winter you will need a passport but you do not need a Visa.（この冬にノルウェーへの旅をお考えのあなた。パスポー

**6** アンブッシュするスポーツマーケティング

トは要りますがビザ（入国査証）は不要です。）」当時のアメリカでの調査
によれば、回答者の約66％がオリンピックスポンサーとしてアメックス
を想起したとされ、VISAのオフィシャルスポンサーシップは十分な効果
をもたらしていないと言わざるを得ない。ただし、これがアメックスによ
るアンブシュ活動の結果、権益が毀損されたかどうかの因果関係を証明す
ることは不可能である。

　このような両社による激しい応酬に危機感を抱いたIOCはアメックス
に対しキャンペーンの中止を申し入れ、VISAに対してもライバルを過度
に刺激する広告表現を慎むように依頼した。アメックスは1996年までに
VISAに対するアンブッシュを取りやめているが、スポーツマーケティン
グ史上に残る激烈な応酬であった。

### 航空会社間の内戦

　2000年にシドニーで開催されたオリンピック大会はIOCのワールドワ
イド・パートナー、TOPに加えて、カテゴリーのバッティングを避けつ
つオーストラリア国内でも組織委員会（OCOG）によるスポンサーセール
スが行われた。オフィシャルエアラインとして契約を締結したのはアン
セット・オーストラリア航空（Ansett）であった。日本でも知名度の高い
カンタス航空はスポンサーを断念した。実はカンタスは約半世紀に亘って
オーストラリア・オリンピック委員会（AOC）のパートナーであったが、
金額条件で折り合えなかったのである。

　カンタスはさまざまな対抗措置を実行に移した。まずスローガンである。
シドニーオリンピックの大会スローガンは「Share the Spirit」が採用され
広く使われていたが、カンタスは自社の広告で「The Spirit of Australia」と
いう紛らわしい表現をした。さらに、聖火の最終ランナーもつとめた開催
国のスターアスリート、キャシー・フリーマン（Cathy Freeman）を広告
キャラクターに抜擢し、愛国心を喚起した。そして、キャッチフレーズは
「SYDNEY 2000」である。

　シドニーオリンピック開幕のわずか11日前アンセットは訴訟に踏み

*103*

**写真 1　シドニーオリンピック**
写真提供：フォートキシモト

切った。訴訟の拠り所はオリンピックに関する法規制である。

　オーストラリアは 1987 年に連邦議会において「オリンピック」関連表記の保護を目的とした「OIP 法」を可決・施行している。同法律の 36 条において「オーストラリア・オリンピック委員会以外のいかなる団体・個人も同委員会の許諾を得ずしてオリンピック関連表記を商業目的に使用することは許されない」と明らかにした。シドニーオリンピックの招致に成功すると、連邦議会は大会の重要性に鑑み 1996 年「シドニー 2000 大会保護法（通称シドニー法）」を可決、即刻施行した。シドニー法は OIP 法が規定していない「ミレニアム大会（Millennium Games）」「シドニー大会（Sydney Games）」「シドニー 2000（Sydney 2000）」などの表現を対象とした法整備である。

　アンセットはカンタスの数種類の新聞広告を OIP 法とシドニー法に抵触しているとして訴えたのである。裁判は判決に至ることなく、1 週間で和解が成立した。当事者間で合意された内容は伏せられたままである。

　アンセットは、当時すでに財務状態が健全ではなかったが、翌 2001 年

**6** アンブッシュするスポーツマーケティング

5月に管財人を受けいれる事態となり、経営立て直しが進まない中オリンピックの1年後、2001年9月に破産宣告を行った。皮肉なことにA$4,000万〜5,000万（当時の換算で約30億円）と言われたオフィシャルエアラインの対価と関連キャンペーンコストが経営を圧迫したというのがもっぱらの解釈である。

## テレコミュニケーションのゲリラ戦

FIFA ワールドカップ 2002 日韓大会のオフィシャルパートナー各社の中で例外的に日本と韓国で別の企業が契約に至ったカテゴリーがある。通信・電話（テレコミュニケーション）である。

日本の各都市で実施された試合にはNTTグループのアドボードがピッチの周囲に掲出されたが、韓国ではKT（コリアテレコム）のボードが同じポジションに設置されていた。極めて例外的なアレンジだが、通信というサービスの特殊性から日本、韓国で分けることに妥当性があると判断されたのであった。

さて、韓国のテレコム市場だが、もともと国営企業で、その後民営化したKTグループに対し民間のSKテレコムがマーケットを二分する激烈な競争を仕掛けていた。KTはワールドカップへの参加を決める前に、すでに大韓サッカー協会のスポンサーとして韓国代表チームを支援していた。

2001年10月SKテレコムは、KTに対抗するため韓国代表チームの公式サポーターを自認（協会の公式認可関係ではない）するレッド・デビルズとのスポンサー契約を締結した。しかし、任意団体の性格上、正式契約を結ぶことが出来なかったため、「トピアン」というレッド・デビルズのエージェントを介して契約した。内容は、契約金として3億ウォンを支払い、レッド・デビルズのイメージ及びビジュアルの広告使用への許可、SKテレコムのイベントへのレッド・デビルズの参加、その他のレッド・デビルズのオリジナル応援Tシャツのセールス支援などを骨子としていた。

韓国広告業界の分析ではSKテレコムがレッド・デビルズとのタイアッ

プ広告を含めて、ワールドカップ関連キャンペーンにつぎ込んだ予算は250億ウォン（25億円）以上であり、プロモーションやイベントに80億〜100億ウォンを費やしたと推定される。相当の金額である。尚、この分析は韓国放送広告公社（KOBACO）の資料を根拠としている。

そもそもレッド・デビルズは非ワールドカップスポンサーからの支援を積極的に受けてきた。例えばサムソン（三星電子）である。オフィシャル・スポンサーでレッド・デビルズと関係を保ったのはヒュンダイ（現代自動車）1社だけであった。

SKテレコムが取った戦略は「応援」と関連づけることであった。韓国サポーターの応援（チャント）といえば「テーハミンクッ！」である。そして、そのパフォーマンスの象徴としてレッド・デビルズを位置付けたのである。レッド・デイルズのオリジナル「Be the Reds」Tシャツの販売をサポートする一方で、SKテレコムの接続・認識番号を示す「SPEED 011」がプリントされた同色のTシャツをプロモーションとして大量に配布したのである。このシャツにはもちろんワールドカップのマークや大韓サッカー協会との関連を示すものは付いていない。赤いTシャツでの応援を連想させる広告には人気俳優のハン・ソッキュを起用し、テレビCMでは彼が「テーハンミンクッ（チャ・チャッ・チャ・チャッ・チャ）」と声

図6　SKテレコムのCM（真っ赤に染まったサポーター席）

援を送る姿が印象的であった。

「テーハミンクッ！」に関しては「011」の着信音としてダウンロードすることを促し、韓国代表を応援する企業としてのイメージを膨らませました。SK テレコムは大韓サッカー協会からの差し止め請求に対して応じることなく「国家代表チームのサッカー試合を連想させるマーケティング活動は特定人の独占的権利ではなく、公式スポンサーでない企業が法律の範囲内で繰り広げられるマーケティング活動は重要なマーケティング手段として認められている」と反論した。この一連のキャンペーンは明らかにアンブッシュであるが、メディアはオフィシャル・スポンサーの KT との対比でたびたび大きく報道したため、必要以上に注目を集める結果となった。

　FIFA からもキャンペーン停止要請が出されたが、権利のハンドリング上不備だったのはパブリックビューイングの権利を SK テレコムの関係会社が取得し、大掛かりな応援イベントのアンブッシュが成立してしまったことである。

　私設応援団という法的にコントロールが難しい対象を活用しての大胆なアンブッシュ・マーケティングの事例であり、スポーツビジネス関係者の注意を喚起するに余りある案件と言えるだろう。

## 結び：2020 年東京オリンピック・パラリンピック

　2020 年東京オリンピック・パラリンピックに関して、大会組織員会は知的財産等の不正使用という観点から警告を発している[1]。

「オリンピック・パラリンピックに関するエンブレム、ロゴ、用語、名称をはじめとする知的財産は、日本国内では「商標法」、「不正競争防止法」、「著作権法」等により保護されている。また、日本国政府としても、東京2020 オリンピック・パラリンピック競技大会（東京 2020 大会）を招致するにあたり、国際オリンピック委員会（IOC）に対し、オリンピック憲章の遵守とオリンピック・パラリンピックの知的財産等を適切に保護することを誓約している」というのが大前提である。

その上で、対象となるオリンピック・パラリンピックに関する知的財産として、オリンピックシンボル（ファイブ・リングス）、パラリンピックシンボル（スリー・アギトス）、エンブレム、マスコット、ピクトグラム、大会名称、画像、音声等を挙げ、これらは IOC 及び国際パラリンピック委員会（IPC）が定めたオリンピック憲章及び IPC ハンドブックに基づき、日本では、日本オリンピック委員会（JOC）、日本パラリンピック委員会（JPC）及び東京オリンピック・パラリンピック競技大会組織委員会（東京 2020）が管理を担当し、その使用には、これら団体からの事前の許諾が必要、としている。
　そして、スポンサーは、これら知的財産の使用権の見返りとして、多額の協賛金を拠出しており、この資金が、大会の安定的な運営及び日本代表選手団の選手強化における大きな財源となっている。また、オリンピック・パラリンピックマーク等の無断使用、不正使用ないし流用は、アンブッシュ・マーケティングと呼ばれ、IOC、IPC 等の知的財産権を侵害するばかりでなく、スポンサーからの協賛金等の減収を招き、ひいては大会の運

図7　JOC による警告
出典：公益財団法人日本オリンピック委員会 HP
http://www.joc.or.jp/about/marketing/noambush.html

**6** アンブッシュするスポーツマーケティング

営や選手強化等にも重大な支障をきたす可能性がある、と結んでいる。

　スポーツのスポンサーシップは、権利を独占的に活用できてこそ所期の目的が叶えられると考えるのが常識である。これは、いわばグローバルスタンダードである。しかしながら、2020年東京オリンピック・パラリンピックでは、多くのカテゴリーにおいてライバル企業同士が「競合せず」権利を分かち合っている。NECと富士通、みずほフィナンシャルグループと三井住友フィナンシャルグループ、JALとANA、SECOMとALSOC、JTBと近畿日本ツーリストなどである。読売、朝日、毎日、日本経済という新聞大手に至っては何と4社で権利をシェアするという柔軟性を示し、結果的に組織員会が立てた目標の1,500億円を大きく上回る契約総額を早期にクリアしたのである。一社あたりのスポンサー料金は低く抑えられるかもしれないが、ライバルを「出し抜く」ことは出来ない。マーケティング上の成果は限定的になる恐れは十分にあるにもかかわらず、である。

　2020年に向けては攻撃的なアンブッシュ・マーケティングが企画される余地は少ないだろう。小さな不正使用があったとしても、それはアンブッシュとはいわない。我が国の文化の中には独占、すなわち独り占めを善しとしない価値体系があるのではないか。それもまた日本のユニークな側面といえるだろう。日本から一歩出れば理解を得ることが難しいにしても。

【注】
1）「知的財産権の保護」https://tokyo2020.jp

# 7 市民マラソンの プロモーション

　古代オリンピックで最初に行われた競技は、1スタディオン（約191m）のコースを走る「競走」だったと言われている。「走る」という行為はヒトの身体活動の原点であり、あらゆるスポーツの基礎である。「マラソン」という表現はランニングと混同されて使用されるが、本来は古代ギリシャの「マラトンの戦い」でペルシャ軍を撃破したアテネの勝利を知らせる伝令が走った故事にならって近代オリンピック種目に採用されたロードレースを意味し、42.195kmと定められている。これ以外の距離のレースは正しくはマラソンではない。

　他方、駅伝は日本固有のロードレースであり、江戸時代の交通・通信手段であった伝馬制が命名のルーツとされる。街道には一定距離ごとに「駅」といわれる中継所が用意され、宿泊施設や飛脚などの人馬が利用できたことに由来する。実業団対抗や高校・大学対抗など数多くのレースが開催されているがマラソンとは異なり距離の規定は存在しない。

　マラソンも駅伝も日本人が一般的に好むスポーツ観戦である。瀬古敏彦、高橋尚子をはじめ過去何人ものスター選手が人々の感動を呼んだ。ランニングブームも定着し、生涯スポーツ市場（アクティブスポーツ市場）で存在感を示している。

　エリートスポーツとしてのマラソンから一般市民のジョギングまで、プ

*111*

ロモーションやマーケティングという視点で「走る」行為を解説しよう。

## マラソンという競技種目

マラソンは 1896 年の第 1 回近代オリンピックから採用されている種目だが、距離は必ずしも厳密ではなく、約 40㎞として実施された。マラトン―アテネを結ぶ道の距離は 40.8㎞あったらしいのである。第 1 回大会において如何なる競技・種目を実施するかは真剣な議論を呼んだ。古代言語学者で、クーベルタンとも親しかったミッシェル・ブリール（Michel Bréal 1832-1915 年）は古代オリンピックとギリシャの栄光をシンボライズする競技として故事に由来する「長距離競走」を提案し、クーベルタンはこのアイディアを大いに気に入ったと言われている。また開催国のギリシャの関係者も大賛成し「マラソン」が実現したのである。記念すべき初マラソンはオリンピック競技最終日に 25 人の選手により行われたのであった。その後、1908 年のロンドンオリンピックにおいて英国王室の希望で距離が延長され、42.195㎞となり、これが定着した。マラソンはこのように近代オリンピックと密接なかかわりを持つスポーツなのである。

記録に残る日本初のマラソンランナーは金栗四三（1891 〜 1983 年）である。高等師範学校の学生だった金栗は、日本が初参加となる 1912 年のストックホルムオリンピックに出場したが、体調不良や過酷な天候に災いされ途中棄権となった。次のベルリン大会は第 1 次大戦の勃発で中止に追い込まれたため、金栗の再挑戦は 8 年後の 1920 年アントワープオリンピックとなった。結果は 2 時間 48 分 45 秒で残念ながら 16 位にとどまり、茂木善作は 49 人中 20 位、同じく八島健三 21 位、そして三浦弥平は 24 位だった。

## 新聞社が仕掛けたマラソンや駅伝の大会

競技大会では、1901 年 11 月 9 日に実施された「上野不忍池 12 時間競

走」が古い。慶應義塾の創立者、福沢諭吉が興した新聞として知られる時事新報社が主催した賞金レースであった。不忍池は今も人気のジョギングコースで、ランニング愛好者は一周1.5kmを何周か走る。優勝したのは安藤初太郎で、71周余り（約105km）を走り切ったという。ちなみに安藤は茨城出身で、職業は車夫であった。競技は朝4時にスタートし午後4時までの12時間にどれだけ走れるかを競うものであった。主催者側の期待としては76周で70マイル（112km）の走破だったが、この目標（世界記録？）は達成されなかった。応募者は100名を越え、体力や経験を考慮して選ばれた15名が日本初のウルトラマラソンに挑んだのである。

### 大阪毎日の阪神マラソン

「不忍池12時間」に注目していた大阪毎日新聞は、ほぼ1か月後の12月15日に南海電鉄沿線に造営した1周805mのトラックにおいて8時間で50マイル（80km）を目標とする「健脚大会」を開催した。結果、村瀬百蔵ら5人が時間内に完走し、翌日の紙面では「…日本男子の体力を試験し幾許の里程を歩行し得るやを判明するにあり其の成績は全國は固より欧州各国に発表さるる事にして実に愉快至極の催しなり。」と報じた。当時の人々の意識が欧米に対する日本人の身体能力の差異とその克服にあったことが伺えるのである

　1908年、大阪毎日は「マラソン競走」と題してロンドンオリンピックのマラソン特集を5回掲載した。マスメディアとして、マラソンというスポーツを一般市民に広く伝えようとする意図があっただけでなく、欧米と比肩する際に短距離よりも長距離走の分野において日本人がより活躍できる可能性が高いことを示唆している。大阪毎日は、マラソンをはじめ、クロスカントリー、オリンピックといった西洋のスポーツ用語をいち早く紹介したメディアとしても知られる。その大阪毎日が翌1909年に企画実施した「阪神マラソン」が我国初のマラソンという名称のランニングイベントになった。場所は神戸湊川埋立地と新淀川西成大橋の間20マイル（32km）で3月21日に開催された。現在では考えにくい賞金マラソンである。出

場したのは 408 名の応募者から選ばれた 20 名である。紙面では 1 か月前の 2 月 21 日から 4 回に分けて海外のマラソンの様子を写真入りで紹介し、読者の関心を煽った。結果当日の沿道には「十重二十重の人垣」が出来たと伝えられる。

　優勝は岡山県在郷軍人の金子長之助だった。序盤、金子は出遅れ、先頭から 7 番目あたりにいた。現在の東灘区辺りで奮起し、スピードを上げたが、きっかけは「なんだ、みっともない」という沿道の同郷の友人からの怒声だったという。さらに、地元神戸出身のライバル選手に送られる大声援の中、御影付近でわらじの緒が切れるアクシデントにもめげず、脱ぎ捨てて裸足で走り続け、芦屋で 2 位、西宮で先頭に出、尼崎までに一気に離して走り続けた。タイムは 2 時間 10 分 54 秒、2 着を 5 分近くも引き離しての逆転優勝であったという。優勝者には、300 円の賞金のほか、金時計や銀屏風などの豪華な賞品が贈られたそうだ。2 位は 200 円、3 位には100 円が贈られた。当時の銀行員の初任給（大卒）が 35 円、牛肉 100g10銭と言うから、相当な賞金である。

　神戸市役所前には「マラソン発祥の地　神戸」の記念碑がたっているが、これは現代の第 1 回神戸マラソンの開催を記念して 2011 年、神戸須磨ライオンズクラブが市に寄贈した。

### 読売新聞の東海道五十三次駅伝

　19 世紀末から 20 世紀にかけてはパリを筆頭に博覧会が頻繁に開催された。初期の近代オリンピックは独り立ち出来ず、万国博覧会開催期間中のイベントとして位置づけられていた。1900 年のパリ、1904 年のセントルイス、そして 1908 年のロンドンオリンピックである。日本でも欧米に模して博覧会がブームになり、1917 年には首都が京都から東京に遷って 50周年という節目を記念して上野不忍池の畔で「東京奠都（てんと）五十年奉祝博覧会」が開催された。その際、読売新聞社の協賛記念事業として京都―東京間の「東京奠都記念東海道五十三次駅伝徒歩競走」が企画されたのである。発案者は読売新聞社の社会部長で歌人の土岐善麿とされている。

## 7 市民マラソンのプロモーション

2月2日の読売紙面での計画発表時点ではまだ「駅伝」の名称は使用されておらず、「奠都記念マラソン・リレー」「東海道五十三次団体中継徒歩競走」となっていた。「駅伝」の名付け親は、大会副会長を務めた大日本体育協会副会長で神宮皇學館館長の武田千代三郎だそうである。

駅伝は4月27日、28日、29日の3日間にわたり開催され、スタートは京都三条大橋、フィニッシュは上野不忍池の博覧会会場正面入り口で508km、23区間をリレーした。東西対抗であったが、西軍には十分な選手が集まらずに東軍が圧勝した。アンカーは金栗四三である。これを記念して2002年には不忍池の弁財天近くに「駅伝の碑」が建てられた。碑文は「駅伝の歴史ここに始まる」で、全く同じ形の碑が、レースの出発地である京都にも建てられている。

主催者の読売新聞は当時まだ弱小紙で、東京五大新聞（東京日日・報知・時事・東京朝日・國民）の後塵を拝していた。取材力、営業力も弱く、西日本地域での存在感も何とか高めたいと模索していた。そこで企画された東海道駅伝は多くの見物客を呼び寄せ、催事としては成功したものの経費が予想以上にかかってしまった。土岐は責任を取る形で読売を辞めることになり、翌年ライバル紙の朝日新聞に転職した。

写真1　不忍池畔に建つ「駅伝の碑」

## 報知新聞の京浜間マラソン

　読売新聞が初めて駅伝を開催した 1917 年、同じく奠都 50 年を記念してマラソンが行われた。報知新聞による「京浜間マラソン競走」である。1876 年に遊郭跡地に造営された横浜公園（横浜スタジアムの所在地）をスタートし、上野寛永寺までの 25 マイル（約 40km）で行われた。報知は紙面で参加者を募り、313 名の応募があった。そこで 9 月 30 日に予選会を行ったところ 193 名がこれに参加し、補欠 10 名を含む 40 名が 10 月 21 日の本戦への出場権を得た。

　報知は予選から本戦まで読者の興味を喚起すべく記事に工夫を凝らした。例えば、「沿道通過予想時刻」として横浜公園から上野までの主要地点を選手が通過するであろう時間を掲載した。またマラソンを観戦するに適した場所を紹介するといったアイディアが功を奏し、日曜日に行われた本戦当日は沿道に多くの人々が押しかけ、大盛況となったのである。優勝したのは千葉県白潟青年団の鵜沢文雄でタイムは 2 時間 30 分 12 秒であった。

　報知新聞社は当時既に夕刊も発行し、部数でも他紙を圧倒していた。2位の國民新聞の 20 万部をはるかに上回る 25 万部を発行していた。読売の駅伝とは異なり、必ずしも販売拡張を意図したスポーツ事業ではなかったかもしれないが、このマラソンはその後も継続し、当時の最大手メディアの主催事業の大成功は長距離走の浸透に大いに貢献したと考えられる。

## 箱根駅伝と報知・読売

　日本マラソンの祖、金栗四三が 1912 年のストックホルムオリンピックのマラソンで惨敗し、欧米の選手たちとの力の差を身をもって経験した。金栗は長距離ランナーの強化が急務だと考えた。その様な背景から自身がアンカーを務めた東海道駅伝に触発され、東京—箱根間の大学対抗駅伝を思いついたとされる。金栗と彼の賛同者は当時の最大メディアであった報知新聞の協力を仰ぐことが実現への早道だと考えたのだろう。幸い報知の

**7 市民マラソンのプロモーション**

社会部に寺田瑛というスポーツに理解のある記者がいて、彼の好意もあり金栗の要請は受け入れられる。

1920年、報知の主催で第1回大会が開催されたが、参加は4校にとどまった。東京高等師範学校、明治大学、早稲田大学、慶應義塾大学である。よって名称も「四大校対抗駅伝競走」であり箱根という地名は冠されてはいなかった。開催日は2月14日と15日で、スタートは有楽町の報知新聞社、箱根関所跡を折り返しとした。ちなみに、主催団体の関東学生陸上競技連盟が組織されたのは前年の1919年4月19日である（学連の規約制定日による）。その後参加校が多少増え、7校から10校程度となったが、その都度「十大学駅伝競走」など参加大学の数を示す名称が継続されたようである。

その後戦争で中止になった時代を経て、1947年に「東京箱根間往復復活第一回大学高専駅伝競走」として行われた。ここで初めて「箱根」を大会名称に含めたわけである。第26回「箱根駅伝」が1面トップで報道されたのはその3年後の1950年であった。そして1953年、NHKがラジオ中継を開始し、1973年にはテレビ東京による部分中継が開始された。

野球の早慶戦が大人気となり、大学スポーツがエンタテインメントとしても中心になった20世紀初頭、マラソンや東海道駅伝などのロードレースはオープン参加が普通で、大学対抗はなかった。京浜マラソンでも参加者は学生、青年団員、商人など様々だったと記録されている。そこに目を付けたのが新しさであり、金栗たちのアイディアだったといえるだろう。

駅伝、マラソンの主催者の報知新聞は部数を伸ばし、1923年に70万部

表1　マラソンと主催新聞社

| 開始年 | 名称 | 新聞社 |
|---|---|---|
| 1909年 | 阪神マラソン | 毎日新聞 |
| 1917年 | 京浜間マラソン | 報知新聞 |
| 1946年 | 琵琶湖毎日マラソン | 毎日新聞 |
| 1947年 | 福岡国際マラソン | 朝日新聞 |
| 1952年 | 別府大分毎日マラソン | 毎日新聞 |

まで拡大したが、その後は関西系の朝日新聞や毎日新聞に押されて経営が苦しくなった。駅伝が新聞事業の改善に貢献したかは明らかではないが、報知新聞が積極的にコンテンツ展開を図った形跡はない。そして1942年に戦時新聞統合で読売新聞に合併されたのである。

報知新聞が読売の傘下でスポーツ新聞に転じたのは1949年12月30日とされる。1949年は新制大学が発足したタイミングでもあり、1950年1月5～6日に行われた箱根駅伝は14大学が参加した。報知新聞は、恐らく戦略的に「箱根」の1面トップ扱いというスポーツ紙としてのデビューを果たしたと考えられる。

## 市民ランナーとマラソンブーム

日常の身体活動としてランニングを行っている者は多く、2017年のデータ[1]によれば1年間に1回以上走った成人の実施者は893万人、さらに週1回以上走る熱心なランナーは467万人に達した。これは東京マラソン開

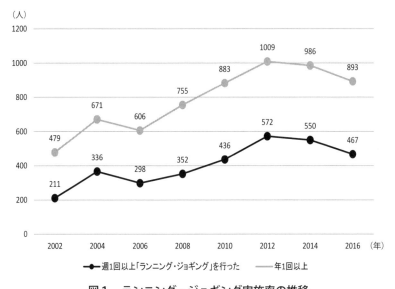

図1　ランニング・ジョギング実施率の推移

始前年の2006年と比較すると約57％の増加であり、市民マラソン大会がランニングへの参入を促し、継続のモチベーションになっている可能性が示めされている。一般ランナーに参加を呼びかけた初めての試みは、1967年に始まった「青梅マラソン」である。東京オリンピックでマラソン銅メダルに輝いた故円谷幸吉選手をゲストに招き、「円谷選手と走ろう」が大会のキャッチフレーズだった。その後、第1期市民マラソンブームと言えるのが1980年前後である。1979年に北海道「別海町パイロットマラソン」[2] が誕生。1981年に「つくばマラソン」、「篠山ABCマラソン」、「いぶすき菜の花マラソン」、「館山若潮マラソン」（当時は20kmレース）が開始、1982年に「佐倉健康マラソン」が始まった。現在、一般の市民ランナーが参加可能である完走の制限時間が5時間以上のマラソンは、年間約100大会が開催されている。ランニング大会のエントリーサイトであるRUN-NETを運営するアールビーズ社が発表した「2017ランナー世論調査」によれば、ランニングを継続する理由として回答者の6割近くが「レース出場に向けて」と回答し、「健康でいるため」を押さえて最も多いという結果になった。また、一度は走ってみたい大会として東京マラソンが55％を超える支持を集め、圧倒的な1位となった。

## 皇居ランニングの特徴

　ランニングブームの象徴とも言えるのが皇居ランである。千代田区の調査（2009年10月）[3] ではランナーの数は午前9時からの12時間で6,100人に達し、内75％近い4,500人が午後6時から9時に集中している。周囲にはランナー向けに更衣室やシャワーを備えた施設が開業し、主に平日の仕事帰りに訪れるビジネスパーソンのニーズに合わせたサービスを提供する。歩道を走る皇居一周コースは約5kmと手ごろな距離である上、一周すればスタート地点に戻ってこられるのが魅力である。おまけに景色が良い。ランナーたちの36％を女性が占め、マラソン参加者とは異なった比率を示している。そして年齢別では20代（23.6％）、30代（26.5％）と比較的

若いことも特徴として挙げられる。ブランド化した皇居ランを目指して地方から訪れる「ツーリズムランナー」も増加傾向にあり、周辺のホテルではランナー向けの宿泊プランを工夫している。一般社団法人おもてなしランナー協会は観光資源としても着目し、インターネットを通じるなどしてマナーを呼びかけている。

　皇居ランが定着するまでには40年ほどの歳月を経ている。何事にもきっ

図2　皇居周辺歩道利用マナー
出典：一般社団法人おもてなしランナー協会HP

かけというものがある。ちょっとした思いつきから始まり、大きく育つということが多々あるが「皇居ラン」もまさにそうである。東京オリンピックの開催後、1964年11月1日の未明に銀座のクラブやバー数軒が共同で「皇居1周マラソン」大会を開催した。お店を閉めたあとのママさんやホステス約40人が選手として走り、優勝タイムは23分台だったという。1周約5kmの皇居周回道路だから1km5分を切る見事な走りぶりと言えよう。このユニークなイベントが新聞や雑誌に紹介され、その記事を読んだ国立国会図書館で働く男性職員が刺激を受けて「国立国会図書館マラソンクラブ」を組織し、皇居の周りを走り出したという。同クラブには50人ほどの職員が所属し、やがて近辺の官庁の職員や会社員も走り出した。平日に仕事を持つ身は同じだが、現在の皇居ランナーと違い彼らが走るのはもっぱら昼休みの時間帯であった。1970年代には皇居ランニングはかなり定着したスポーツと認識されてきたようである。桜田門前の広場にはランナーには知られた時計台があるが、これは日本陸連が皇居ランナーのために1975年に寄贈したものである。桜田門前広場は駅伝などの皇居ラン関連イベントの集合場所、スタート・フィニッシュエリアとして頻繁に活用されており、この広場の年間利用者数は63,000人を超えている（環境省皇居外苑管理事務所調への届出の集計）。

## ジョギングとヘルスケア

レジャー白書[4]によれば、余暇活動参加人口のランキングで「ジョギング、マラソン」は19位の2,020万人であった。身体活動としてはウォーキング、体操に次いで3番目に多い。また将来の参加意向を尋ねた「参加希望率」でも20.1％で21位に入った（男性のみでは24.5％の14位）。これはスポーツ部門では最もスコアが高く、今後も参入者が期待できそうである。「走り」自体の強度（距離、速度など）は明らかではないが、「ジョギング、マラソン」の年間活動回数は34.0とされ、平均すれば約11日毎に実施している勘定になる。頻度はかなり高いと言えるだろう。

ジョギングとランニングの違いはというと、もともとジョギングはスポーツ選手のウォーミングアップとして行われていたもので、筋を暖め血液循環を良くするためのものであった。後年ストレッチ法が開発されたことで、独り歩きし始めそれ自体が軽い運動を目的とした種目のように扱われるようになった。ジョギング（Jogging）とは、即ちゆっくりした速さで走ることであり、ジョギングする人をジョガー（Jogger）と呼ぶ。各種スポーツにおける持久力を高めるためのトレーニングとしてのジョギング（LSD, Long Slow Distance）、フィットネスや健康増進のための有酸素運動としてのジョギング、リクリエーションあるいはリフレッシュするためのジョギングなど多様化している。一般的にジョギングはランニングに比較してスピードが遅く、長時間の有酸素運動ができるため健康に良いとされる。1kmの距離を7〜8分のペースを維持して走り続け、近くの人と会話ができる状態にあるか否か（Talk test）がジョギングの運動強度である。また、運動選手でなければ脈拍数が90-120／分程度の範囲でとどまるものと考えてよいだろう。それゆえリクリエーションやリフレッシュ目的のジョギングではスマートフォンなどで音楽を聴いたり、コース沿いの景色を眺めたり、仲間との会話を楽しんだりできるのである。

　ジョギングは1960〜70年代にかけてアメリカを中心に広まった。エアロビクスの提唱者であるアメリカの医師（軍医）ケネス・クーパー（Kenneth H. Cooper, 1931年〜）も運動生理学上からジョギングが健康、体力の維持・増進に望ましいことを説き、ジム・フィックス（James F. Fixx）が著書『The Complete Book of Running』（邦題：奇蹟のランニング）でこれを実証したことにより、世界的に普及し、日本でもブームとなったのである。

　ケネス・クーパーは1967年に肺機能を改善させる運動プログラムを開発しAEROBICSと名づけて発表した。このプログラムでは12分間走（クーパーテスト）により評価した体力区分と年齢をもとに各自に合った運動を実施する。これが日本では「有酸素運動」と訳された。有酸素運動（Aerobic exercise）とは、生理学、スポーツ医学などの領域で、主に酸素を消費する方法で筋収縮のエネルギーを発生させる運動を指し、体内の糖質や脂肪

**7** 市民マラソンのプロモーション

が酸素とともに消費される。

　尚、エアロビクスはもともと運動プログラムの名称であるのだが、日本ではダンス形式の有酸素運動すなわちエアロビクスダンス（エアロビックダンスエクササイズ）ととらえられている。これは日本のマスコミがこの種の運動を指すのに長い名称を避け、より短い「エアロビクス」という言葉を使用した影響である。エアロビクスダンスのレッスンではインストラクターの指示に従って、音楽に合わせた早いリズムでステップを踏む。このスタイルはクーパー理論をもとにジャッキー・ソレンセン（Jacki Sorensen）が開発したといわれる。1980 年代にはジェーン・フォンダ（Jane Fonda）が著書『Workout』を出版し、さらにビデオの販売を通じて空前のエアロビ・ブームが起こった。

　ジム・フィックス（1932 ～ 1984 年）は、1977 年にアメリカ合衆国で出版され、後に世界的ベストセラーとなった自伝的書籍を著したことによりジョギングの提唱者、第一人者として認められた。フィックスはオハイオ州のオバーリン大学（Oberlin College）卒業後、30 代半ばで 100kg 近くまで太ってしまい減量のために毎日 15km のランニングを続けた。その結果 30kg 以上の減量に成功。減量と健康増進を勝ち取ったとしてマイペースでのランニング（ジョギング）を続ける健康法を記した著書を出版し 1970 年代後半から 1980 年代前半にかけて全米を中心にした世界規模のジョギング健康法ブームの生みの親となる。自らも実践を続けていたが、日課としていたジョギング中の 1984 年 7 月 20 日にバーモント州の国道 15 号線脇で心筋梗塞を起こして突然死した（享年 52 歳）。フィックスの死は衝撃的であり、ヘルスケアと表裏一体と見られてきたジョギングブームは一時的に衰退することとなった。

　ジョギングに対してランニングはある程度目的（距離や時間）を設定して実施するスポーツと規定できる。当然、一定期間練習すれば、目標に到達するので、更なるレベルアップが図られることになり、その目標設定の

*123*

ための具体的機会としてマラソンなどのロードレースが位置づけられるの
である。

## 市民マラソン大会の展望

　現在日本国内では年間に 1,000 を超える長距離走大会が開催されている。
その形態は陸上競技のトラックを周回するコンパクトなレースから、10㎞、
ハーフマラソン、100㎞を超すウルトラマラソンまでさまざまである。中
でもマラソン（通称フルマラソン）は人気が高く、最大規模の東京マラソ
ンでは 2 万 6,370 人の一般出場枠に対して 31 万 2,459 人が申し込み、当選
倍率は約 12 倍になった（2017 年 2 月の第 11 回大会）。

　開催地として最も緯度が高いのは北海道野付郡別海町で開催されている
パイロットマラソン、最も南の大会は沖縄県石垣市の「石垣島マラソン」
である。現在マラソン大会を開催していない都道府県は福井県だけである。

　規模では、東京マラソンに次ぐのは 2011 年に開始の大阪マラソンであ
り、参加者 1 万人を超える大会で最も長い歴史を持つのは宮崎県指宿市の
いぶすき菜の花マラソンである。

表2　大規模市民マラソン大会（直近完走者数順）

| 大会名 | 開催月 | 完走者数 | 第 1 回開催年 |
|---|---|---|---|
| 東京マラソン | 2 月 | 3 万 4,697 | 2007 |
| 大阪マラソン | 10 月 | 2 万 9,422 | 2011 |
| 横浜マラソン | 10 月 | 2 万 2,594 | 2015 |
| 名古屋ウィメンズマラソン | 3 月 | 1 万 9,112 | 2012 |
| 神戸マラソン | 11 月 | 1 万 8,814 | 2011 |
| 湘南国際マラソン | 12 月 | 1 万 5,667 | 2007 |
| 指宿菜の花マラソン | 1 月 | 1 万 4,927 | 1982 |
| 京都マラソン | 2 月 | 1 万 4,868 | 2012 |
| 那覇マラソン | 12 月 | 1 万 4,143 | 1985 |
| 板橋 City マラソン | 3 月 | 1 万 3,935 | 2006 |

**7 市民マラソンのプロモーション**

マラソンの参加者は年々増加している。日本陸連公認コースで行われたマラソン大会を対象とした調査[5]では、2015年度（2015年4月〜2016年3月）に完走者が35万人を超えた。2006年と比較すると3倍以上となったが、飛躍的に増加したのは2011年度からである。大阪、神戸、名古屋ウィメンズなどの2万人規模の大会が開始された影響が大きいと考えられる。

男女比は、名古屋ウィメンズマラソン開始に伴い2011年度に女性の完走者比率が大きく伸長したが、その後は21％台でほぼ一定している。

大半の市民マラソンは例年10月から翌年4月にかけて主に日曜日に実施される。30週で約90大会が予定されている現状では、平均3大会が同日に行われることになる。7月と8月には北海道で各1大会のみが開催され、主催者が気候に配慮した結果、時期的に開催が集中していると考えられる。

通常マラソン大会ではコースの大半で公道を走るために交通規制が行われる。特に最短でも5時間の完走制限を設けている市民マラソンは、経済活動等に支障が出る恐れがあるために平日・土曜日には開催されることはまれである。結果的に日曜日・祝日に開催が集中し、過密化が生じているのである。

**表3　マラソン完走者の推移**

| 年 | 男性 | 女性（%） | 合計 |
|---|---|---|---|
| 2016 | 28万8,475 | 7万6,071（20.9） | 36万4,546 |
| 2015 | 28万0,461 | 7万3,611（20.8） | 35万4,072 |
| 2014 | 24万6,646 | 6万6,847（21.3） | 31万3,493 |
| 2013 | 22万5,559 | 6万0,836（21.2） | 28万6,395 |
| 2012 | 21万5,067 | 5万8,687（21.4） | 27万3,754 |
| 2011 | 19万7,334 | 5万2,449（21.0） | 24万9,783 |
| 2010 | 14万6,060 | 3万3,155（18.5） | 17万9,215 |
| 2009 | 13万7,075 | 2万9,719（17.8） | 16万6,794 |
| 2008 | 12万0,134 | 2万5,282（17.3） | 14万5,416 |
| 2007 | 9万5,078 | 1万9,442（17.0） | 11万4,520 |
| 2006 | 8万5,981 | 1万7,609（17.0） | 10万3,590 |

*125*

東京、大阪をはじめとして横浜、神戸、京都、名古屋などの政令指定都市や中核市で開催されるシティマラソンは、エントリーに対して抽選で出場権を付与しているケースがほとんどである。大阪マラソンが 4.5 倍、神戸マラソンが 4.3 倍（いずれも 2015 年）など高倍率のためランナーからすれば受け身の参加形態にならざるを得ない。

　一方で中小都市や町といった小規模な行政単位で開催されるマラソンは、一定期間のエントリー受付を行い、定員に達した時点で受付を終了するのでランナーからすれば積極的な参加が可能である。即ち、各ランナーは何らかの尺度を持って大会を選択し、自主的にエントリーを行おうとしていることが想定される。今後ランニング文化が成熟してくるにつれ、多くのランナーが「走りたい」マラソン大会を選んでチャレンジするようになるのではないだろうか。

## 結び：ホノルルマラソンから学ぶ

　マラソンを軸としたスポーツツーリズムの先駆的役割を果たした大会としてホノルルマラソンがある。1973 年に第 1 回が開催され、世界的にも伝統あるマラソン大会の一つである。当初は数百人が参加する小規模な競技会だったが、1978 年を境に参加者が増え、1992 年以降は 3 万人規模の市民マラソンとして定着した。また日本人が参加ランナーの半数以上を占めることもあり、身近な海外マラソンとして知名度が高い。「ランナー市場調査 2017」[6] では出場したい海外マラソンとして 35％以上の解答者がホノルルマラソンを挙げ、断トツの 1 位である。

　2016 年は 12 月 11 日に開催され、28,675 人が完走した。内日本人ランナーは 11,087 人で 38.7％だった [7]。

　ホノルルマラソンに大きな転機が訪れたのは 1985 年に日本航空がメーンスポンサーになった時である。当時、日本航空東京支店の一部門だった「スポーツデスク」が重要路線であるハワイ便の冬季販売強化策としてスポーツに着目し、デスティネーションキャンペーンとして展開した。大

**7** 市民マラソンのプロモーション

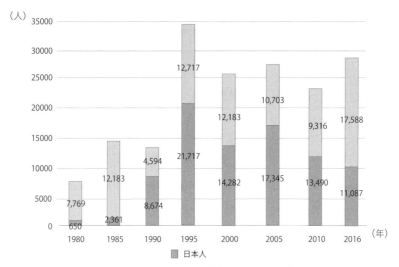

図3 ホノルルマラソン参加ランナーの推移

会の特徴は制限時間を設けていないことである。これにより初心者でも参加可能なマラソンとして認知され、日本人ランナーにおける女性の比率は50％を超えている。マラソン完走者の女性比率である20.9％を大きく上回り、他に例がないマラソン参加者の構成になっている。

　ハワイというデスティネーションの魅力に加え、制限時間なしというハードルの低さがビギナーの若手女子ランナーを惹きつけているようである。現実に300名ほどの参加者がスタートから10時間以上かけてフィニッシュし、完走できた感動を経験したのである。

【注】
1)「スポーツライフ・データ2016」笹川スポーツ財団
2) パイロット国道をコースとしたので命名された。国道243号線「パイロット国道」はパイロット・ファーム（1956年開始の近代経営の形態をとる実験農場）が名前の由来である。
3) 第1回皇居周辺地域委員会議事録　2013年12月21日
4)「レジャー白書2017」日本生産性本部
5)「全日本マラソンランキング」アールビーズ、2016年7月
6)「ランネット」http://runnet.jp
7)「JALホノルルマラソン日本事務局」http://www.honolulumarathon.jp

# 8 メディアの スポーツ マーケティング

　プロスポーツにしろ、アマチュアスポーツにしろ、スポーツを観戦するとき、私たちはだいたいにおいてメディアを介して見ているのではないだろうか。年に何回かはスタジアムやアリーナに足を運んでも、普段はテレビが多いだろう。テレビが多チャンネル化しインターネットが普及した現代においても、スポーツはマスメディアにとって大変重要なコンテンツであることは疑う余地がない。

　新聞協会が実施した読者調査[1]で、最も読まれる面としてテレビ・ラジオ番組面が挙がったが、男性読者に層別するとスポーツ面が番組面を上回るという結果になった。平均 38 ページ建ての読売新聞や朝日新聞朝刊のスポーツ面は、4 ページにわたることが多いが、夕刊にもスポーツ記事が掲載される。夕刊にスポーツ記事がコンスタントに載るようになったのは 1995 年からだ。これは野茂英雄投手がロサンゼルス・ドジャースに移籍し、大活躍したことがきっかけである。アメリカとの時差で大リーグの試合は日本では午前中になる。日本中が注目している試合の結果報道を翌日の朝刊まで遅らせることはできないという判断からである。

　メディアがスポーツに積極的に取り組んできた歴史を知り、メディアにとってのスポーツを考察しよう。

*129*

## 新聞社によるスポーツ大会の立ち上げ

　時事新報が上野不忍池 12 時間競走を開催し、長距離走への関心が高まっていった時代に大学野球が始まり、人気を集めた。第 1 回の早慶戦が行われたのは 1903 年である。3 年後の 1906 年には両校関係者間の応援の過熱により早慶戦自体が中止になるほどであった。

　慶應義塾大学野球部創設は 1888 年とされるが、1890 年代になると旧制中学でも野球部の創部が相次ぐようになった。盛岡中学（1886 年）、安積中学（1890 年）、秋田中学（1894 年）、関西中学（1895 年）などである。現在の日本高等学校野球連盟（高野連）に相当する組織体は存在せず、散発的に対抗戦が行われていた。ちなみに高野連の発足は戦後の 1946 年である。

　1879 年に大阪で創刊された朝日新聞は 1888 年に『めさまし新聞』を買収して東京に進出し、全国紙への道を歩き始めた。1915 年 8 月に大阪朝日新聞主催で第 1 回中学校野球優勝大会が行われた。今の夏の甲子園大会である。野球史研究家の森岡浩によれば、京都二中（現在の鳥羽高）の卒業生で、当時京都帝国大学に在籍していた高山義三は、母校の練習をみているうちに、ひょっとすると近畿地区で一番実力があるのではないか、と思いはじめた。しかし、実際に各校と対戦して実力を証明することは難しい。そこで、朝日新聞の京都支局（西京支局）に中学野球大会の開催と優勝旗の提供を持ちかけた。このような話は他にもあがっていたこともあり、上層部にまでとんとん拍子で進んで、その年の夏には朝日新聞が主宰して全国大会が開かれることになったという [2]（但し諸説あり）。

　あまりに急な開催だったため、予選に参加できたのはわずかに全国で 73 校。予選開催の知らせが届かなかったため全国大会を逃し、隣県との関係が悪化したところもある。

　当時はまだ甲子園球場はなく、大阪北部の豊中グラウンドに全国の予選を勝ち抜いた各校が参加して開催された。もともとは 1 周 400m のトラッ

## 8 メディアのスポーツマーケティング

クのある運動場だっため、形も長方形で、ライト方面は狭くなっていた。しかも、外野にはフェンスがなく、ロープを張り、そこをノーバウンドで越すとホームランという規定であった。

第2回大会も同じグラウンドで行われたが、当時の豊中は交通が不便で、大きな大会を開催するには向いていなかった。そのため、第3回大会から兵庫県の鳴尾球場に転じたのである。しかし、中学野球の人気が高まるにつれて鳴尾球場でも観客を収容しきれなくなり、あふれた観客が外野になだれこんで試合が中断、という事態も発生した。そこで、近くの河川敷に新しい球場を建設することになったのである。

1924年（大正13年）、東洋一といわれた巨大な新球場が完成した。この年は、干支でいうと「甲子＝きのえね」の年にあたることから、甲子園球場と名付けられた。朝日新聞は大阪の本社だけでなく各県支社（通信部）も県大会を後援し、社を挙げて学生野球の振興に力を入れていった。

他紙も新しいスポーツの開拓を通じて読者の獲得を図ろうと積極的に働きかけていた。この傾向は東京よりも大阪で顕著であり、第1回中学校野球優勝大会の3年後には毎日新聞が日本フットボール優勝大会（現在の全国高校サッカー、全国高校ラグビー）を立ち上げるなど、ライバル紙間のオリジナルイベント争いがスポーツのすそ野を拡大させたのである。

大阪に比べて新聞社がスポーツ大会開催に熱心ではなかった東京だが、現在まで継続する大会も生まれている。学生野球に対抗して企画された社会人の大会である。1927年8月、神宮球場で12チームが出場して第1回都市対抗野球大会が開かれた。開催のアイディアを出したのは東京日日新聞（現毎日新聞）の記者であった島崎新太郎とされている。当時、プロ野球はまだ発足せず、学生野球が人気を集めていた。学生野球だから、かつて中学・大学野球の花形だった選手をファンがもう一度見たいと願っても卒業後は難しい。こうしたファンの要請に応えれば購読者増にもつながる。島崎はアメリカの大リーグのように都市を基盤とした実業団野球の開催を思いついたという。東京日日新聞は島崎と同期で早稲田大学野球部の主将

*131*

**表1　スポーツ大会の開催と新聞社**

| 開始年 | スポーツ大会名 | 主催新聞社 |
|---|---|---|
| 1901 | 上野不忍池 12 時間競走 | 時事新報 |
| 1908 | 阪神マラソン | 大阪毎日 |
| 1915 | 全国中学校野球優勝大会（全国高校野球選手権） | 朝日新聞 |
| 1917 | 東海道五十三次駅伝徒歩競走 | 読売新聞 |
| 1917 | 京浜間マラソン競走 | 報知新聞 |
| 1918 | 日本フットボール優勝大会（高校ラグビー、高校サッカー） | 大阪毎日 |
| 1920 | 東京箱根往復大学駅伝（四大校対抗駅伝競走） | 報知新聞（読売新聞） |
| 1924 | 選抜中学校野球大会（選抜高校野球） | 大阪毎日（毎日新聞） |
| 1927 | 都市対抗野球大会 | 東京日日（毎日新聞） |

だった橋戸信を迎えて準備を本格化させ、大会の開催にこぎ着けた。

　現在も都市対抗野球は日本野球連盟と毎日新聞の主催で東京ドームで32 チームにより行われ、2017 年で第 88 回を迎えた。大会の功労者の橋戸の名前は最優秀選手に贈られる「橋戸賞」として今に残っている。

　全国高校野球選手権大会（夏の甲子園大会）は 2018 年に 100 回大会を迎える。100 年を超える歴史を誇るスポーツ大会は世界でもあまり多くはない。朝日新聞社は社内部署「高校野球総合センター」を中心として大会の運営を主催者（高野連との共催）の立場で行っている。春の選抜高校野球と異なり、夏の選手権大会は地方大会と本大会（甲子園）の 2 段構成である。都道府県の高野連と協力するのは各地の販売局・販売店であり、各地方における朝日新聞の営業面でも有利に働いていると思われる。

　日本以外ではメディア（新聞社など）が自らスポーツイベントを立ち上げる例は少ない。しかし、例外はある。ヨーロッパの自転車ロードレース、「ツール」である。

　ツール・ド・フランスが始まったのは 1903 年までさかのぼる。現在、開催回数は 100 回を超えた。

　フランス人は自転車が大好きである。そしてフランスは自転車発祥の国

## 8 メディアのスポーツマーケティング

といってもよい。19世紀にチェーンのない初期の「自転車」であるベロシピードが開発され、たちまち世間に広がった。競技会がいくつも生まれ、スポーツ紙が何紙も創刊された。現在ベロタクシーなどと日本語でも使用される「ベロ」は自転車という意味だ。1881年にフランス・ベロシピード連合が設立され、自転車競技を統括している。自転車競技場はベロドローム（velodrome）という。

ツール・ド・フランスを創設したのはロト（L'Auto）、スポーツ新聞社である。ライバル紙が主催する自転車レースに対抗して企画したのである。レースの実施は新聞の成長・拡大につながった。19世紀末、ロト紙の発行部数はたった2万5,000部程度しかなかったが、1903年の第1回ツール後には6万5,000部に伸長。さらに5年後には10倍の25万部を超えた。1923年、レース開催期間には日に50万部が販売されたという。最高販売部数は1933年のレース期間中に記録された85万4,000部である。

ロト紙は、その後第2次大戦のあおりを受けて発行停止に追い込まれる。しかしながら、編集スタッフや施設などは後継のレキップ紙（L'Equipe）に引き継がれ、ツールの主催も同様に移管された。レキップとは英語に置き換えればチームという意味になる。現在の主催団体はASO（Amaury Sport Organisation）で、スポーツ紙のレキップだけでなく、一般紙も所有する大メディア・グループである。レキップが買収されたのは1968年のことであった。

このように見てくると日本における長距離競技、特に箱根駅伝と不思議に符合する事柄が多く、たいへん興味深い。改めて比較してみよう。

まずは歴史の長さである。20世紀の初頭に始まり、現在に至って箱根駅伝もツール・ド・フランスもますます盛んである。さらに競技の特徴にも類似点が見られる。そもそもロードレースはエンデュアランス・スポーツで過酷な競技だが、それは両イベントとも同様で、長丁場の闘いが人々を魅了する。ツール・ド・フランスの魅力は山岳ステージだが、箱根駅伝でもファンが最も注目するのは「山登り」の5区であろう。

そして何よりも注目すべきは、ツール・ド・フランスも日本の駅伝もメ

*133*

ディア企業（新聞発行者）が主催者として営々とイベントを実施してきた
という事実である。そしてスポーツとメディアは win-win の関係を築いて
きた。しかしながら、その新聞も、買収などさまざまな変遷を経ているこ
とも共通項である。ちなみに、イタリアで行われているジロ・デ・イタリ
ア（Giro d'Italia）という自転車ロードレースの主催者もガゼッタ・デロ・
スポルト（La Gazzetta dello Sport）というスポーツ新聞である。

## テレビ放送権の拡大

　放送権（Broadcasting rights）は放送事業者等（テレビ局他）が電波や通
信を介して特定のコンテンツをユーザー（視聴者）に伝達する権利である。
権利の基本は独占排他であるが、場合によっては複数の事業者に許諾され
る場合もある。放送権の範囲は国家単位であるが、それは放送に関する法
律が国ごと異なるからである。
　我が国においては、1950 年に施行された電波法がそれにあたる。電波
法は無線電信法を第 2 次世界大戦後に全面改訂したもので、国際電気通信
条約に沿って電波を公平かつ能率的に利用するのが目的とされ、テレビ局
を含むすべての無線局の免許などについて規定している。

　放送権の概念が生まれたのはアメリカである。アメリカでは 1920 年に
ラジオ放送が始まり、1926 年 11 月に電気メーカー RCA（Radio Corpora-
tion of America）が子会社として NBC を設立し、2 波（NBC Red Network
及び NBC Blue network）の放送を開始した。翌 1927 年 9 月 CBS がラジオ
放送をスタートさせネットワーク時代が訪れたのである。
　放送権はスポーツイベントの中継にからんで誕生した。ちょうど CBS
設立のタイミングである。ヘビー級プロボクサーのジャック・デンプシー
は、闘志剥き出しの激しいファイトと圧倒的な強打で、1920 年代に全米
を熱狂の渦に巻き込んだヒーローであった。「大統領の名は知らずとも
ジャック・デンプシーの名を知らぬ者はいない」とさえ言われたスーパー

8 メディアのスポーツマーケティング

図1　NBCラジオのロゴ

スターである。

1927年9月22日、対ジーン・ターニーの世界ヘビー級タイトルマッチがシカゴのソルジャー・フィールド（アメリカンフットボール場）で行われた。デンプシーにとっては1年前に失ったタイトルのリターンマッチであり、アメリカ中の注目が集まった。試合のチケット売り上げは当時の記録である200万ドルを超えたと言われる。

NBCラジオは67局のネットワークで試合を中継した。タイトルマッチのプロモーターだったテレックス・リカードは権利金の支払いをNBCに求めたといわれている。

この機会にラジオの購入に1,400万ドルが出費され、ラジオの保有家庭が一挙に拡大されると予測されていた。実際に視聴者は5,000万人を超したと推定されている。リカードはマスメディア価値の源泉はリーチ（オーディエンスへの潜在的到達力）であると看破していた。「放送局がどんなに質の高い番組を制作しても、ラジオを保有しチューニングして聞いてくれる人がいなければ価値などない。つまり、広告を入れる企業も現れないだろう。だから（私が仕組んだ）タイトルマッチに感謝すべきなのだ！」

ラジオのカバレッジは拡大を続け、1940年のNFLチャンピオンシップ（スーパーボウルは1967年開始）、シカゴ・ベアーズ対ワシントン・レッドスキンズは初のラジオ全国放送が実現した試合として知られている。同時に、放送権料が明かにされている「最古」のスポーツイベントでもある。

*135*

放送した MBS（Mutual Broadcasting System）は 120 局のネットワークで中継を行い 2,500 ドルの放送権料を支払ったとされている。試合結果はベアーズの 73-0 の圧勝に終わっている。1943 年のチャンピオンシップも同チームの対戦であったが、放送権料は 2 倍の 5,000 ドルに値上がりしたといわれている。

アメリカ全土をカバーするランドライン（マイクロ波によるリレー通信網）が整備され、テレビのネットワークが広まった。大リーグ (MLB) のワールドシリーズが初めて全米に中継されたのは 1948 年であった。放送権争いはなく、NBC, CBS, ABC, DuMont の 4 テレビ局の合同で実施された。

1946 年に開局した DuMontTV は強引だったようだ。9 万 5,000 ドルのテレビ放送権料を支払い、1951 年の NFL チャンピオンシップを独占中継した。権利料は 3 年前の同イベントのラジオ放送権の 19 倍に相当する。契約総額は 47 万 5,000 ドルで 5 年契約とされる。DuMontTV は、1953 〜 54 年シーズンには NFL のレギュラー試合も中継したが、1955 年、経営危機に陥った DuMontTV に代わって NFL チャンピオンシップの独占放送権を得たのは NBC であった。従前の条件より 5,000 ドル高い 10 万ドルで獲得したのだが、自由競争のアメリカではテレビ局間の放送権争奪がこの頃に始まっていたのである。


オリンピックに関しては、CBS がアメリカ国内開催だった 1960 年スコーバレー（カリフォルニア）冬季オリンピックの権利を獲得したが、放送権料はまだたった 5 万ドルに過ぎなかった。CBS は同年のローマオリンピックも 40 万ドル以下で契約していた。大きな変化はその 4 年後に起こることになる。通信衛星テルスターの打ち上げが成功し、太平洋を越えて日本からの衛星生中継が可能になったのである。NBC は 1964 年 10 月の東京オリンピックのアメリカ向け放送権を獲得。当時でいえば破格の 150 万ドルを支払ったのである。

日本でテレビ放送権が注目を浴びた最初の案件は 1980 年のモスクワオリンピックである。NHK が中心になり組まれた NHK 民放連合は、モン

**8 メディアのスポーツマーケティング**

表2　スポーツの放送権

| 年 | 出来事 |
|---|---|
| 1940 | MBS ラジオが NFL チャンピオンシップの放送権を 2,500 ドルで獲得 |
| 1951 | DuMontTV が NFL チャンピオンシップの放送権を 95,000 ドルで獲得 |
| 1957 | NBC が MLB ワールドシリーズの放送権を 300 万ドルで獲得 |
| 1960 | CBS がスコーバレー冬季オリンピックの放送権を 5 万ドルで獲得 |
| 1964 | NBC が東京オリンピックの放送権を 150 万ドルで獲得 |
| 1980 | テレビ朝日がモスクワオリンピックの放送権を 850 万ドルで獲得（前回 130 万ドル） |
| 1984 | 1988カルガリー冬季オリンピックの放送権をABCが3億900万ドルで落札 |
| 1988 | 日本テレビが 1991 世界陸上の放送権を約 35 億円で獲得 |
| 1992 | BSkyBがプレミアリーグのライブ放送権を3億ポンド(5年契約)で獲得 |
| 2001 | テレビ朝日がAFC主催サッカー大会の放送権(8年)を約100億円で獲得 |
| 2002 | スカパーがFIFAワールドカップ2002の全試合放送権を約125億円で獲得 |
| 2016 | パフォーム(DAZN)がJリーグの独占放送権(10年)を約2,100億円で獲得 |

トリオールオリンピックから引き続きテレビ中継を担うはずであった。しかし切り崩しにより、あわよくば放送権料のかさ上げを狙いたいモスクワオリンピック組織員会（MOOC）の思惑に呼応するように、日本教育テレビ（NET　現在の全国朝日放送―テレビ朝日）が独自ルートから先手を打って放送権の契約を取り付けたのである。モントリオールの 6 倍以上の850 万ドル。しかし、その後テレビ朝日の「快挙」をよそに世界情勢はアフガン侵攻を行ったソ連を追い詰める動きを強め、アメリカ（カーター大統領）はオリンピックボイコットという乱暴な手段に出たのである。アメリカに同調した日本政府と日本体育協会（体協）の判断で日本も選手団を送らないことを決定。日本選手が出場しないオリンピック放送は著しく価値を下げたのである。

　モスクワオリンピックのボイコットが刺激となって産声をあげた世界的なイベントがある。陸上競技世界選手権大会（World Athletic Chanpionships）である。主催する IAAF（国際陸連）のプリモ・ネビオロ会長（Primo

Nebiolo 1923 〜 1999 年）はアメリカと東ドイツやソ連の闘いが見られな
いオリンピックの陸上イベントに代わるものとして IAAF 自ら主催する世
界選手権の開催を決断したのである。その記念すべき第 1 回はフィンラ
ンドのヘルシンキで 1983 年に開催され、続く第 2 回はイタリアのローマ。
そして第 3 回は東京国立競技場で 1991 年に行われることになった。当時
のスーパースターは単距離と走り幅跳びのカール・ルイス、日本からは
400m の高野進に期待が集まっていた。IAAF には日本のテレビ局各社が個
別に接触を重ね、放送権市場はいつになく過熱した。IAAF 事務局スタッ
フが来日して NHK と民放各局に競争入札を説明し、最低入札額を 1,500
万ドルと発表すると、テレビ東京、TBS そして NHK が引き下がった。残
るのは日本テレビ、フジテレビとテレビ朝日である。水面下の駆け引きを
経てテレビ朝日が 2,000 万ドルを提示すると日本テレビとフジテレビがさ
らにオファーを積み上げ、入札は消耗戦の様子を示してきた。

　2 社に絞り込まれた段階でネビオロ会長は、ローマの会長オフィスでの
最終プレゼンテーションの実施を提案してきたのである。日本テレビ、フ
ジテレビはスポーツ局のエクゼクティブ・プロデューサーを派遣、放送計
画と条件を力説した。日本テレビの放送計画は極めて詳細なもので、野心
的な工夫が随所に散りばめられていた。当時、箱根駅伝のライブ中継で経
験を積みつつあった制作チームの労作である。一方のフジテレビはフォー
ミュラ・ワンの放送交渉で得た自信からか、条件は如何様にも応じるとし
ながらも、放送・制作プランを示すことはしなかった。両社の提示を聞い
たネビオロ会長は悩んだ末に、日本テレビの真剣さを評価したいと決断を
下したのである。放送権料は 1988 年から 4 年間の様々な陸上大会を含め
35 億円以上で決着した。バブル経済の時代とはいえ、オリンピック以外
のスポーツ放送権としては最高値を当時記録したのである。

　1998 年の FIFA ワールドカップフランス大会までテレビ放送権はワール
ド・コンソーシアムと FIFA の直接契約で決まっていた。ワールド・コンソー
シアムは大陸ごとの放送連合の集合体で、アジアを統括する ABU（Aisa-
Pacific Broadcasting Union）においては NHK が日本の代表だった。とこ

ろがオリンピックテレビ放送権の高騰に刺激を受けた FIFA が 2002 年と 2006 年のワールドカップ 2 大会の全世界放送権（除アメリカ）を競争入札にかけたのである。ワールドコンソーシアムやアメリカの大手スポーツエージェント IMG を押しのけて権利を獲得したのはドイツのメディア大手キルヒと ISL 社の共同事業体であった。モスクワオリンピックで NHK 民放連合の枠組みを維持できなかった日本の放送業界は抜け駆けを恐れ個別の交渉を拒否した。キルヒ・ISL との話し合いは暗礁に乗り上げたかに見えた。しかし、そこに割って入ったのが地上波キー局ではないスカイパーフェク TV であった。スカパーは契約世帯確保のためのプロモーションとしてコストを算出し、「元が取れる」と踏んで約 125 億円の契約金を提示したのである。スカパーの契約は全 64 試合の独占であったため、NHK 民放連合は地上波だけの試合限定の放送権を交渉して手に入れざるを得なかったのである。

　現在も FIFA ワールドカップとオリンピックはジャパン・コンソーシアム（JC　旧 NHK 民放連合）が放送権を契約し、加盟局間で放送分担を行っている。ドイツの ARD/ZDF のように 2 局体制は他の国でもあり得るが、我が国の体制はほとんど業界カルテルであり、自由競争が存在しない。結果として、どのイベントをどのテレビ局が中継したのかというブランディングの上で重要な評価軸が存在しないのである。

## 結び：広告メディアのデジタル化の影響

　我が国の年間総広告費は 6 兆 2,880 億円（2016 年）とされ、メディア別の内訳ではテレビが 31.1％、インターネットが 20.8％である。新聞は 1 割を切り 8.6％にまで落ち込んだ。実は世界の新聞事業の収益構造は広告収入と販売収入がほぼ 50 対 50 の比率だが、日本では販売収入への依存傾向が顕著である。充実した宅配システムが支えているのである。

　電通・イージスネットワークが 2017 年の 6 月に発表した広告市場予測[3]によると、「デジタルシフト（インターネット化）」がさらに加速し、世

*139*

界の広告費に占めるデジタル広告費の構成比は 2018 年には 37.6％になり、テレビ（35.9％）を抜いて最大のメディアに躍り出るとされる。歴史的転換である。デジタル広告費の内訳では、2017 年にはモバイル広告費がデジタル広告費全体の 56％に達して、PC 広告費を上回り、この傾向はさらに続くとみられている。日本の広告市場のデジタル化は、比較的保守的で、伝統的メディアが存在感を維持しているものの、傾向は世界と同じだろう。

　スポーツコンテンツは新聞の魅力を創出し、読者の確保に貢献した。また、ラジオ、テレビの価値を押し上げ、メディアが支払う放送権料はスポーツビジネスを拡大させてきた。スポーツに対するメディアの投資の原資は、結局のところ広告収入がベースであった。

　スマートフォンの一層の普及によりメディア環境や、人々のメディアに対する接触態度は変わりつつある。生活者を取り巻く情報の流れが変われば、コンテンツとしてのスポーツの在り方や評価も変化すると考えるのは当然である。スポーツのルール、時間、演出などに関して将来どのような創意工夫がなされるか注意しなければならないだろう。

【注】
1)　日本新聞協会
2)　「高校野球マスター養成講座」2007 年 6 月 12 日 http://www.asahi.com
3)　「世界の広告費成長予測」2017 年 6 月 17 日

# 9 パブリック視点の スポーツ マーケティング

　高齢化や人口減少を踏まえて健康・スポーツを重要課題に掲げる自治体は多い。1966 年に北海道苫小牧市がスポーツ都市宣言を行って以降、全国の 100 を超える市がスポーツ都市あるいは健康都市を宣言している。比較的最近の例では 2017 年 5 月に三重県の伊賀市が生涯スポーツ都市を宣言した。同市によれば「少子高齢化社会を迎え、人々の価値観やライフスタイルが多様化する今日において、スポーツは、人生をより健康で充実したものにするために欠くことができないものとして、その重要性がますます高まっている」とし、「市民の誰もが、いつでも、どこでも、いつまでもスポーツに親しむことができる生涯スポーツ都市の実現に向けて、スポーツの持つ可能性を最大限に活かし、人と人とのつながりを育み、健康で明るい地域を目指す」が宣言の趣旨とされている。市民の健康増進と地域の活性化をスポーツを通じて実現したいという行政の指針を示したものである。

　企業がスポーツを利用してマーケティングや広告コミュニケーション活動を行うように、地方自治体にとってもスポーツは「何か」を実現するための有効な手段として認識されてきた。

　実現したい目標とは何であろうか。スポーツ関連産業の誘致や拡大による経済振興。スポーツ実施者やファン層の来訪や、トレーニングキャンプ

*141*

誘致による賑わい。住民の身体活動量の増加に伴う健康な生活の維持など
が行政のアジェンダとして認識されている。行政からみたスポーツ・プロ
モーション、あるいはソーシャル・マーケティングを検証する。

## スポーツ都市宣言で何を目指す

　我が国の自治体でいち早くスポーツ都市を宣言したのは北海道の苫小牧
市である。豊富な水と木材資源に恵まれていた苫小牧には 1910 年に王子
製紙、1943 年には日本製紙が進出し、工場を建設した。その後、石炭を
機能的に流通させるために「勇払築港論」が提唱され、苫小牧に工業港の
必要性が認められて 1951 年に起工した。1963 年に世界初の内陸掘込港湾
となる苫小牧港（西港）が開港。1966 年に「外国貿易港」の指定を受けた。
　新千歳空港にも近接している利便性も手伝って北海道を代表する工業・
港湾都市になった苫小牧はアイスホッケーの町でもある。市内にはスケー
トリンクを備えたスポーツセンターが多くあり、大人から子供までスケー
ト・アイスホッケーが盛んである。中でも、王子イーグルスは、1931 年
創部の王子製紙アイスホッケー部時代に第 3 回全日本アイスホッケー選手
権大会で初優勝して以来通算 13 回、アジアリーグアイスホッケーでは 2
度優勝している強豪チームである。
　このような背景から、産業だけでなくスポーツを通じた「まちづくり」
を行おうという意識が盛り上がった。1966 年 11 月、記念式典は苫小牧東
小学校グラウンドで開催された。全国で初の「スポーツ都市宣言」によっ
て、「苫小牧が大きく生まれ変わる」。そんな期待に胸を膨らませた多くの
市民で、会場は埋め尽くされたという。2016 年には宣言 50 周年を記念し
て多くの催しが行われた。
　苫小牧市の宣言文は当時以下のように公表された。
「わたくしたち苫小牧市民は、スポーツを愛し、スポーツを通じて、健康
でたくましい心とからだをつくり、豊かで明るい都市を築くため、次の目
標をかかげてここに『スポーツ都市』を宣言します。

## 9 パブリック視点のスポーツマーケティング

1. 市民すべてが、スポーツを楽しみましょう。
2. 力をあわせて、スポーツのできる場をつくりましょう。
3. 次代をになう青少年のため、地域にも職場にも、スポーツの機会をつくりましょう。
4. 世界に活躍できる市民を育てて、広く世界の人々と手をつなぎましょう。」

今世紀に入ったころから、自治体から発表される宣言内容や趣旨に微妙な変化が見られるようになってきた。スポーツだけでなく、「生涯」とか「健康」「いきいき」などの文字が併記される事例が増えてきたのである。こ

表1 スポーツ都市を宣言した市（例示）

| | | |
|---|---|---|
| 北海道苫小牧市 | スポーツ都市 | 1966 年 |
| 北海道千歳市 | スポーツ都市 | 1970 年 |
| 埼玉県越谷市 | スポーツリクリエーション都市 | 1974 年 |
| 福岡県久留米市 | スポーツ都市 | 1974 年 |
| 東京都東村山市 | スポーツ都市 | 1974 年 |
| 埼玉県上尾市 | スポーツ都市 | 1976 年 |
| 千葉県船橋市 | スポーツ健康都市 | 1983 年 |
| 神奈川県逗子市 | スポーツ都市 | 1984 年 |
| 北海道釧路市 | スポーツ都市 | 1989 年 |
| 福岡県大牟田市 | スポーツ都市 | 1990 年 |
| 埼玉県桶川市 | スポーツ都市 | 1991 年 |
| 千葉県鎌ケ谷市 | 生涯スポーツ都市 | 1991 年 |
| 埼玉県鴻巣市 | スポーツ都市 | 1993 年 |
| 熊本県熊本市 | スポーツ都市 | 1999 年 |
| 宮城県柴田町 | スポーツ都市 | 1999 年 |
| 埼玉県戸田市 | 生涯スポーツ都市 | 2002 年 |
| 島根県浜田市 | スポーツ都市 | 2006 年 |
| 島根県松江市 | スポーツ都市 | 2006 年 |
| 新潟県三条市 | スポーツ都市 | 2007 年 |
| 新潟県燕市 | 健康・スポーツ都市 | 2007 年 |
| 新潟県糸魚川市 | 生き生きスポーツ都市 | 2008 年 |
| 秋田県秋田市 | はずむスポーツ都市 | 2008 年 |
| 埼玉県八潮市 | 健康・スポーツ都市 | 2009 年 |
| 新潟県上越市 | いきいきスポーツ都市 | 2010 年 |
| 千葉県浦安市 | 生涯スポーツ健康都市 | 2010 年 |

143

のような表現が用いられる際には、高齢者層への配慮がその背景にあると考えるのが自然である。

　我が国では高齢化の進展に伴い健康寿命の延伸が課題となっている。平均寿命と健康寿命とのかい離は、端的に言えば日常生活に制限のある「不健康な期間」の長さを意味するのである。平均寿命と健康寿命（日常生活に制限のない期間）の差は、2010 年で、男性 9.13 年、女性 12.68 年とされている [1]。厚生労働省（厚労省）は健康増進の国家プロジェクトとして「21 世紀における国民健康づくり運動」（健康日本 21）を発表し、各世代における身体活動量の増大を促している。身体活動とはすなわち運動・スポーツへの参加であり、日常生活における個々人のモチベーションの維持・増進が求められているのである。

　厚労省が危機感をつのらせる背景にあるのは、歯止めがかからない医療費の増大である。2015 年度の医療費は 41.5 兆円となり、前年度に比べて約 1.5 兆円の増加となった [2]。前年対比の伸び率は過去最大の 3.8％に達した。その内訳を診療種類別にみると、入院 16.4 兆円（構成割合 39.5％）、入院外 14.2 兆円（34.3％）、歯科 2.8 兆円（6.8％）、調剤 7.9 兆円（19.0％）となっており、やはり入院関連費が大きい。スポーツを継続して心肺機能を高め、筋肉量を維持して転倒などを防止しなければならない。都市部より高齢化が著しい地方の市町村では一層深刻なのである。

　2010 年 8 月に公表された「スポーツ立国戦略」で文部科学省は、新たなスポーツ文化の確立として「興味・関心、適性等に応じて現状よりさらに多くの人々が様々な形態（する、観る、支える（育てる））でスポーツに積極的に参画できる環境を実現することを目指している」と指針を示した。その上で、5 つの重点戦略の第 1 番目としてライフステージに応じた

表2　国民医療費の推移

|  | 2011 年 | 2012 年 | 2013 年 | 2014 年 | 2015 年 |
|---|---|---|---|---|---|
| 医療費（兆円） | 37.8 | 38.4 | 39.3 | 40.0 | 41.5 |
| 伸び率（％） | 3.1 | 1.7 | 2.2 | 1.8 | 3.8 |

*144*

**9** パブリック視点のスポーツマーケティング

スポーツ機会の創造を挙げ、以下のように目標を示した。

- 国民の誰もが、それぞれの体力や年齢、技術、興味・目的に応じて、いつでも、どこでも、いつまでもスポーツに親しむことができる生涯スポーツ社会を実現する。
- その目標として、できるかぎり早期に、成人の週1回以上のスポーツ実施率が3人に2人（65％程度）、成人の週3回以上のスポーツ実施率が3人に1人（30％程度）となることを目指す。

「国民健康・栄養調査」[3] によると、運動習慣のある人々の割合は、男性37.8％、女性27.3％であり、過去10年間でも男女とも有意な変化はみられなかった。しかしながら年齢別では、その割合は男女とも20歳代で最も低く、それぞれ17.1％、8.3％であった。また、60歳以下の世代では一様に運動実施率が低下傾向にあり、将来への不安を感じざるを得ない状況が表面化している。

レジャー白書によると、スポーツ参加率で日本国民に最も親しまれているのはウォーキングであり、成人の約30％が実施していると推定される。2位に体操が入り、その次に参加率が高い種目はランニングである。さらにピクニック・ハイキングと続く。

球技のようなチームでプレーし、なおかつ対戦相手を必要とする種目の参加者が比較的少なく、上位にはランクされていない。また、屋内で行う種目はボウリングやプールでの水泳などに止まっている。

表3　運動習慣のある者の割合

| 年齢層 | 男性（％） | 女性（％） |
|---|---|---|
| 20-29 | 17.1 | 8.3 |
| 30-39 | 18.9 | 14.3 |
| 40-49 | 21.3 | 17.6 |
| 50-59 | 27.8 | 21.3 |
| 60-69 | 39.0 | 35.9 |
| 70以上 | 56.1 | 37.5 |
| 全体 | 37.8 | 27.3 |
| 目標値（全体） | 39.0 | 35.0 |

*145*

表4　身体活動（スポーツ）の参加率

|  | 全体（%） | 男性（%） | 女性（%） |
|---|---|---|---|
| ウォーキング | 29.9 | 30.7 | 29.1 |
| 体操（器具を使わない） | 23.0 | 17.3 | 28.6 |
| ジョギング、マラソン | 20.1 | 26.0 | 14.3 |
| ピクニック、ハイキング | 16.7 | 15.1 | 18.2 |
| トレーニング | 15.3 | 19.5 | 11.2 |

　レジャー白書のデータから屋外の環境の中で行い、個人で楽しめるスポーツの実施率が高いことが確認された。また、スポーツライフに関する調査報告書[4]によると、スポーツを行う施設・場所の利用率を種類別にみると、「道路」が最も多く 71.8%、次に「自宅（庭・室内等）」30.5%、「公園」25.0% となっており、身近な場所でスポーツを行っていることがわかる。厚生労働省は「健康づくりのための運動指針 2006」で、1 週間に 4 エクササイズ以上の活発な運動（スポーツ）の実施を推奨している。1 エクササイズは 4.0 メッツの運動を 15 分行った際の身体活動量に相当する値であり、ウォーキング（100m ／分程度の速歩）の場合、4 エクササイズは 60 分の継続歩行で達成できるのである

　ウォーキングは運動強度が高くない身体活動で、高齢者でも参加のハードルが低く、手軽に行うことができる。ウォーキング人口は 3,010 万人とされ最も浸透している身体活動である。自宅から外に出た時点から開始することができる程の手軽さがある一方で、道路事情によっては楽しさも半減する。無理なく継続するためには、街路樹の有無や小川、公園の存在などの自然の潤いに加え、街並みがつくりだす雰囲気なども重要である。安全面への配慮もされたウォーキングに適した「道づくり」への一層の投資が望まれる。

## スポーツツーリズムの広がり

　スポーツへの参加を第一義的な目的とする旅行およびプロモーションが

### 9 パブリック視点のスポーツマーケティング

近年注目されている。従来よりスキー、ダイビング、登山などの体験型スポーツはその実施環境から必然的に旅行を伴うものであった。

国土交通省（国交省）は2011年の「スポーツツーリズム推進連絡会議」発表資料において、スポーツツーリズムは、スポーツを「観る」「する」ための旅行そのものや周辺地域観光に加え、スポーツを「支える」人々との交流、あるいは生涯スポーツの観点からビジネスなどの多目的での旅行者に対し、旅行先の地域でも主体的にスポーツに親しむことのできる環境の整備、そしてMICE（Meeting, Incentive, Convention, Exhibition）推進の要となる国際競技大会の招致・開催、合宿の招致も包含した、複合的でこれまでにない「豊かな旅行スタイルの創造」を目指すものである、とした。「2014年スポーツマーケティング基礎調査」[5]によれば、スポーツツーリズムの経験はスポーツ観戦の42％を筆頭にスポーツの体験・実施が30.1％、そしてスポーツ大会への参加が27.8％など一定の広がりを見せている。

スポーツツーリズムは大別して応援ツアーなどのスポーツ観戦（見るスポーツ）と、旅行者が自ら実施するアクティブスポーツ（するスポーツ）

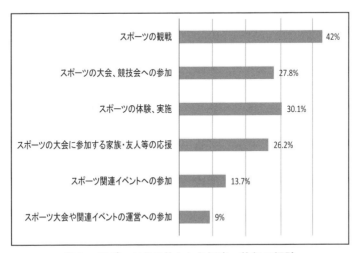

図1　スポーツを目的とした観光・旅行の経験
出典：三菱UFJリサーチ＆コンサルティング

がある。国がもっぱら期待するのはキャンプ地を含む国際大会の開催誘致による地域経済・社会の活性化であるが、観光資源の有効利用や掘り起しによる地道な努力も大切である。

アクティブスポーツの実施に際して、宿泊を伴う旅行の参加率が最も高いのはスキーで49.7％である。すなわち実施者の二人に一人は宿泊してスキーを行ったわけであるが、これは当然であろう。ランニングに関しては、男性40代、女性30代で実施者の約1割が宿泊を伴う旅行をしたとされ（2014年）更なる伸びが期待できそうである。

国交省が掲げる国際競技大会の誘致については、オリンピックの例を挙げるまでもなく、巨額の投資に対してどのようなリターンを期待するかの議論を深めなければならない。47都道府県で国民体育大会が開催され1988年からは2巡目に入った。開会式が開催できるようなスタジアムや体育館はすでに存在する。それに加えて、FIFAワールドカップ2002を契機に5万人規模のスタジアムも建設された。これから考えなくてはならないのは施設の有効利用と稼働率のアップであり、地方行政には冷静な対応を期待するものである。

スポーツ観戦に関しては、熱心なファン、サポーターとなればチームの遠征に同行するのはある意味「当然の行動」である。しかしながら、ファン総数で最大のプロ野球の場合、12球団が所在する自治体は札幌、仙台、東京（2）、横浜、千葉、埼玉、名古屋、大阪、神戸（西宮）、広島、福岡といった大都市である。特にフランチャイズが首都圏に偏っているので、ツーリズムの恩恵を受けられる地域は必然的に限られる。ファン数でははるかに少ないが、Jリーグのほうがより様々なエリアをカバーしているといえるだろう。


一方でスポーツ大会への参加やスポーツの体験・実施に関しては多様な可能性が考えられる。地方行政がアクティブスポーツ（するスポーツ）の実施環境として認識する、あるいは活用しているとする施設の上位は「自然環境」である。三菱UFJリサーチ＆コンサルティングの「スポーツツー

**9** パブリック視点のスポーツマーケティング

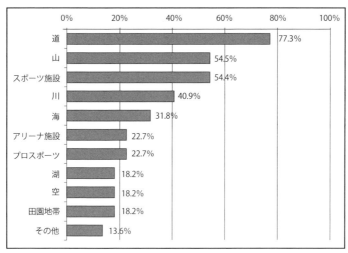

図2　スポーツツーリズムに活用するスポーツ施設
出典：三菱 UFJ リサーチ＆コンサルティング

リズム推進に向けた基礎調査」[6]によれば、全国のスポーツツーリズム推進団体が活用している施設として一番に道を挙げた。道は施設ではないが、マラソン、トライアスロン、自転車などの競技大会から気楽な交流型イベントまで様々な用途で活用されている。「道」の活用例と、2位の「山」の成功例を示そう。

**瀬戸内横断サイクリングロード**

　全国各地で「道」がスポーツのために活用される代表的事例は、マラソンなどのランニング大会の開催である。ロードレースを実施するためには交通の遮断や規制が必要で、地元警察の理解と協力なしには実現は困難である。大会開催以外の機会にランナーが長距離走を楽しむのは個々人の判断・選択であるが、現実には地元ランナー以外の実施者は極めて限られるだろう。トレーニングや体験のためにわざわざ域外から訪れるビジター旅行者は少ない。

　レース参加と必ずしも関係なく、実施者が多いスポーツがサイクリング

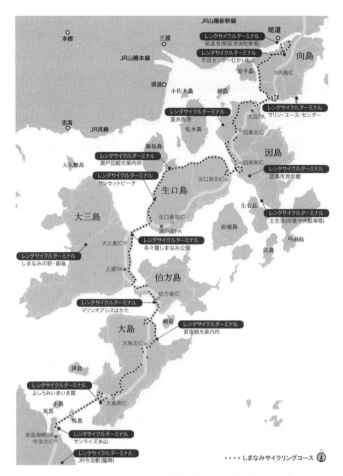

**図3　しまなみ海道サイクリングマップ**
出典：公益社団法人今治地方観光協会HP

である。サイクリングロードとして最も人気が高い「道」が瀬戸内海にある。広島県尾道市から、向島・因島・生口島・大三島・伯方島・大島を経て愛媛県今治市を結ぶ西瀬戸自動車道のことである。1996年にその愛称が公募され「瀬戸内しまなみ海道」または「しまなみ海道」と呼ばれるようになった。

　それぞれの島が10本の橋で結ばれ全長は約59.4km、尾道駅から今治駅

**9** パブリック視点のスポーツマーケティング

までは約 64.9㎞である。アップダウンはかなりあるものの一般のライダーでも充分 1 日で自転車横断が可能な距離である。エリートライダーならば片道おおよそ 3 〜 4 時間程度で横断でき、往復してしまう。しまなみ海道はサイクリング前提で設計されているため、道には案内標識と推奨ルートを示す青線が引かれ、道に迷わない配慮が行き届いている。「おすすめのサイクリングコース」で 1 位（日経プラスワン・何でもランキング、2010年 8 月）となったほどの人気コースである。

瀬戸内しまなみ海道振興協議会は、2012 年度の自転車利用者数が推計で年間 17 万 5,000 人近くに上ったと発表した。調査は 2011 年 4 月以降に計 8 回、海道の自転車道出入口 5 か所で行われ、1 日平均で 500 人近くの利用があった。

また、ハイ・シーズンとされる 8 月〜 10 月の週末利用者は 1 日 1,000〜 4,000 台とみられる一方、通年でのピークはゴールデンウィークで、4月と 5 月の調査時には同 8,000 台以上にも達していることも判明した。さらに方向別では、四国（今治）側に向かう利用者が本州（尾道）側をやや上回り、多くの自転車が四国方面に向かいつつ、別の交通手段も使いながら本州方面へと U ターンしていると見られることも示された。

一方、マイ自転車とレンタサイクルの比率を見ると、「マイ自転車」（自宅からの持参）が 57.2％、レンタサイクルが 42.8％で、マイ自転車が 6 割近くに達していた。

調査結果について、同協議会は「サイクリストは泊まりがけでしまなみ海道を楽しんでいると見られ、マイ自転車で来る人の大半が宿泊施設の利用しているようだ」と、サイクリストの誘致による経済効果への期待を示

表5　日経プラスワン・何でもランキング

| 順位 | コース | 所在地、距離 | ポイント |
|---|---|---|---|
| 1 | 瀬戸内横断自転車道 | 広島県尾道市〜愛媛県今治市、80.4㎞ | 572 |
| 2 | メイプル耶馬サイクリングロード | 大分県中津市、36.1㎞ | 447 |
| 3 | びわ湖よし笛ロード | 滋賀県近江八幡市〜東近江市、26.2㎞ | 317 |

*151*

した。

しまなみ海道のレンタサイクルにおける外国人利用者数は2012年度は1,361人、2013年度には2,232人と倍増である。尾道市によると2014年は一層の増加傾向にあるという。

2014年10月に開催した国際サイクリング大会「サイクリングしまなみ」では、7,281人の参加者のうち、外国人が500人以上参加した。台湾から145人、韓国から138人、中国から75人等、31の国と地域からライダーが集結し国際色豊かなイベントになった。

道は人工の構造物であり、スポーツ利用の目的でつくられるものではないが、スポーツ実施者にとっては景観や雰囲気などの自然環境が重視される。しまなみ海道のサイクリングロードは、自然景観と管理者によるきめ細かいサポート体制が実現させたスポーツツーリズムの成功例である。

しまなみ海道はアメリカCNNのトラベル情報サイトで「世界7大サイクリングロード」の一つに選ばれ、さらにフランスミシュラン社のガイドブックで1つ星を与えられ、「サイクリストの聖地」として確固たる評価を得ているのである。

## 神流マウンテンラン＆ウォーク

「野山」の活用が成功に結び付いたスポーツツーリズムの事例として、群馬県の神流マウンテンラン＆ウォークのケースを紹介することにしよう。同大会は2009年に第1回大会が開催されたが、町民の温かなおもてなしが人気となり、回を重ねるごとに700名の定員が十数分で締め切りとなってしまうほど大人気のトレイルラン・イベントに成長した。ランニングイベントのエントリーサイトRUNNETでも、連続してトレイルランニング部門で高評価を得ている。神流町（カンナマチ）は、人口2,242人（2014年2月1日住基）の小さな町である。群馬県の南西部に位置し、林野面積が町総面積の88.3％を占める。町の中央部を東流する神流川の両岸は、極めて急峻な地形が連続し、支川が複雑に入り組んでいることから、その間のわずかな緩斜地に集落が点在している。このような立地から、進学や就

**9** パブリック視点のスポーツマーケティング

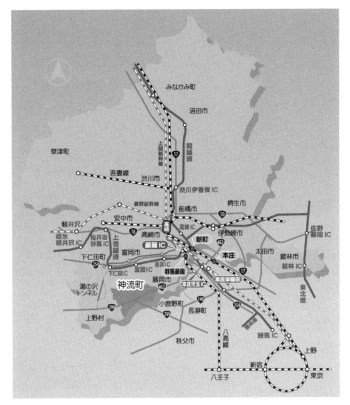

図4　群馬県神流町

職を機に転出する町民も多く、過疎化と少子高齢化が急速に進行し、町の高齢者比率は53％を超えている。国立社会保障・人口問題研究所が発表した「将来推計人口」[7]によると、2035年には神流町の高齢化率が日本一になる可能性が指摘されているのである。

　神流マウンテンラン＆ウォークの特徴は、行政主導ではなく町民主導の文字通り手作り大会という点に尽きる。

　イベントのプロデューサーは世界的なトレイルランナーである鏑木毅である。鏑木は世界最高峰のトレイルランニングレース「ウルトラトレイル・デュ・モンブラン UTMB（Ultra-Trail du Mont-Blanc）2009」で3位入賞を果たした山岳アスリートの第一人者であるが、当時は前橋市の群馬県庁に

*153*

勤務する地方公務員であった。活性化策を模索していた神流町からの相談を受けた群馬県の藤岡行政事務所の職員が、知己のあった鏑木に声をかけ、活性化検討会に出席したのである。神流町の地理的特徴を心得ていた鏑木はトレイルラン大会の開催を提案したが、住民の理解はすぐには深まらなかったという。山道など未舗装の道（トレイル）を走るスポーツがトレイルランニングだと知っても、（こんな場所で）参加費を支払ってまで山を走る人がいるのかと半信半疑だったのである。

　それでも鏑木が粘り強く打ち合わせを重ねるにつれ、町民の気持ちも動き、大会の開催が決まったのである。神流町長を実行委員長とし、17の地域団体が参加する実行委員会が発足して第1回大会に向けて準備が始まった。

　舗装道路を使用するマラソンと異なり、トレイルランニングでは大自然の中にコースを設け、整備しなければならない。現在は50kmの「スーパークラス」があるが、当初は27kmと40kmの2つのクラス（カテゴリー）を設定することとした。山に詳しい町民や、高齢者に古道を教えてもらい、既存の登山道と併せコースをつないだ。古道といっても、崩落の危険や倒木などで荒れておりコース整備は重労働であった。さらに希少植物がある山道を大勢の選手が走ることから、自然保護団体とも協議しながらコース設定をした。

　ボランティアを募り、倒木の撤去や草刈り、選手が道に迷わないよう目印のリボンや案内板等を設置した。ほとんど人の入ることのなかった古道や山々をつなぐ道が整備できたことから、大会以外にも登山道やハイキングコースとしての利用が広がり、一般アウトドア観光資産としても根付いた。

　大会の実施に際しては、エイドステーションといわれる選手の休憩所を複数個所設けるが、そこでは「おやき」や「柚の甘漬」など地元の食材を使ったものを提供している。中でも一番人気が、標高1,000mに位置する「持倉」という集落でのエイドである。持倉集落は、人口12人。高齢者比率100％のいわゆる限界集落だが、おじいちゃん、おばあちゃん達が畑で

*154*

採れた作物を使った手打ちそばや花豆を選手全員に振る舞うのである。

　参加賞はありふれた記念Tシャツではない。押し花のプレートと木製ネームプレート（全参加者）である。押し花のプレートは、商工会女性部が作製し、材料となる押し花も何カ月も前から準備し、一つひとつプレートにしている。木製ネームプレートは、ナツツバキ（シャラの木）を使用する。材料となる材木の提供や切断なども町民の協力を仰ぎ、記念焼き印を押したのち選手の名前を一人ひとり書き入れて配布するのである。

　参加者全員に渡す地域振興券は、参加費の中から1,000円分を選手にキャッシュバックし「1000かんな」という大会期間中限定のお買い物券で、イベントを通じての地域経済への貢献を具現化するアイディアである。

　大会前日には小学校体育館でウェルカムパーティーが開かれる。郷土料理が振る舞われ、「イワナの骨酒」など飲み物でも神流らしさを演出する。神流町には宿泊施設が3件（旅館1軒、民宿1軒、公共の宿泊施設が1軒）しかないが、参加者の多くは民泊制度を利用し、前泊してレースに備える。民泊により町民と参加者の交流が一層広がるという好循環も生まれるのである。

　このような町ぐるみの取り組みが評価され、神流マウンテンラン＆ウォークは、2012年度に「過疎地域自立活性化優良事例」として総務大臣表彰を受賞したのである。

## 結び：自然環境の恩恵

　我が国の森林面積は約25万平方キロあり、国土面積（37万8,000平方キロ）の68.57%にあたる。国土に占める森林の面積を「森林率」と言い、国連食糧農業機関（FAO）による世界の森林率の平均である30%を大きく上回っている。最も森林率が高いのはスリナムの94.56%、そしてセイシェル、パラオと続く。森の国フィンランドが9位で72.91%、スウェーデンが13位で69.24%、日本は15位で、緑豊かな国である。また、標高に関しては100m未満の土地が国土の26.7%にすぎず、全体に山や丘陵が

表6 森林率の国別ランキング

| 順位 | 森林率（％） | 国名 |
|---|---|---|
| 1～3 | 94.56 | スリナム、セイシェル、パラオ |
| 4～6 | 85.80 | ブータン、ガボン、ソロモン諸島 |
| 7～8 | 77.24 | ガイアナ、セントルシア |
| 9 | 72.91 | フィンランド |
| 10～12 | 71.42 | ブルネイ、ギニア、マーシャル |
| 13 | 69.24 | スウェーデン |
| 14 | 68.87 | セントビンセント |
| 15 | 68.57 | 日本 |

多い[8]。

　日本は島国である。そこで海岸線の総延長の国単位で比較するとカナダ、ノルウェー、インドネシア、ロシア、フィリピンに次ぎ、29,751㎞で6位にランクされている[9]。国土の面積当たりの海岸線延長ではフィリピン、ギリシャに次いで3位であり、海との親和性が高い国であることが証明されている。

　与えられた豊かな自然環境を生かし、その魅力を伝えることでスポーツ実施率をさらに高め、健康な国民生活を実現することは十分に可能であり、それこそが我が国のアドバンテージである。そして、市街地では樹木など景観に配慮した街づくりを通じ、運動・スポーツの促進が期待できるに違いないのである。

【注】
1) 「健康日本21（第二次）の推進に関する参考資料」厚生労働省
2) 「平成27年度医療費の動向」厚生労働省
3) 「平成27年国民健康・栄養調査」厚生労働省
4) 「スポーツライフ・データ2014」笹川スポーツ財団
5) 「スポーツマーケティング基礎調査2014」三菱UFJリサーチ＆コンサルティング
6) 「スポーツツーリズム推進に向けた基礎調査」三菱UFJリサーチ＆コンサルティング 2017年3月17日
7) 「日本の将来推計人口」国立社会保障・人口問題研究所　2012年1月
8) 「土地形状別統計とその分析」統計情報研究開発センター
9) "CIA World Factbook 2015"

# おわりに

　勤めていた広告会社の現場でスポーツビジネスの厳しさ、面白さを知った。

　初めての大仕事は 1986 年にメキシコで行われた FIFA ワールドカップだった。日本はアジア最終予選で韓国に敗れてしまい出場を逃がしたが、マーケティングに関しては 4 社の日本企業がオフィシャルスポンサーとして大会に臨んでいた。私たちのクライアントである。各社それぞれのプロダクト・サプライやゲスト・ホスピタリティが円滑に実施されるようサポートし、契約上の約束事を間違いなく実現することが仕事である。日本ではまず遭遇しないような事件やあり得ない問題に直面したが、何とか切り抜け無事プロジェクトを完了させることが出来た。その過程でメキシコの組織委員会の関係者、FIFA のスタッフ、欧米のスポンサー企業のマーケティング担当者と親しくなり、結果的に貴重な情報や裏話を得た。大いに刺激を受けたものである。その後オリンピック TOP プログラムのセールスや世界陸上東京大会のマネジメントを通じて人的なネットワークはさらに広がった。その中の何人かは今も Facebook 上の友達だ。真の知識・情報は「人」を介してしか得られない。確信である。

　母校でもある慶應義塾大学に大学院健康マネジメント研究科が設置され、スポーツマネジメント専修の非常勤講師として声がかかった。2005 年のことである。スポーツマーケティングを教えることになった。勤務先から 2001 年に出版した書籍（スポーツマーケティングの世紀）、社会貢献事業の一環で中国の大学や広告関係者に講義した経験が役立った。実体験と知識を再構築して学生向けにスポーツマーケティングを解き明かすことにした。2009 年に会社を退職し、大学院の教員が本業になった。この本

*157*

は 2016 年度まで大学院で修士学生に対して行ってきた講義内容をベースとし、事実の再検証と評価を加えたものである。スポーツに関するマーケティング・コミュニケーションの実態を、いくつかの断面で示すことを目指した。

　出版にあたり、改めて私に経験と知識を与えてくれた全ての恩人に感謝するものである。

## ■参考書籍

『Olympic Turnaround』Michael Payne（London Business Press）2005

『Return on Sponsorships』Lesa Ukman（IEG）2004

『Guide to Sponsorship』Lesa Ukman（IEG）2004

『Sport Marketing』B.J.Mullin, S.Hardy, W.A.Sutton（Human Kinetics）2000

『FIFA1904-1984』G.Furrer, P.C.Godoy, J.S.Blatter（FIFA）1984

『The Complete Book of Running』James Fixx（Random House）1977

『マラソンと日本人』武田　薫（朝日新聞出版）2014

『IOC ―オリンピックを動かす巨大組織』猪谷千春（新潮社）2013

『スポーツで地域を拓く』木田、高橋、藤口（東京大学出版会）2013

『TOKYO オリンピック物語』野地秩嘉（小学館）2011

『メディアスポーツ解体』森田浩之（日本放送出版協会）2009

『歴史ポケットスポーツ新聞 オリンピック』菅原悦子（大空ポケット新書）2008

『サッカーの国際政治学』小倉純二（講談社）2004

『テレビスポーツ 50 年』杉山　茂（角川インタラクティブメディア）2003

『寝た子起こし』藤岡和賀夫（祥伝社）2002

『スポーツ経済効果で元気になった街と国』上條典夫（講談社）2002

『スポーツマーケティングの世紀』海老塚修（電通）2001

『スポーツビジネスの戦略と知恵』間宮聰夫（ベースボールマガジン社）1995

『スポーツマフィア電通の時代』石井清司（講談社）1989

『TOKYO OLYMPICS Official Souvenir』（電通）1964

## ■参考定期刊行物

『Sport Business International』（SBG Companies）

『Sportcal』（Sportcal Global Communications）

『National Runner Survey』（Running USA）

『レジャー白書』（日本生産性本部）

『スポーツ白書』（笹川スポーツ財団）

『スポーツライフ・データ』（笹川スポーツ財団）

『青少年のスポーツライフ・データ』（笹川スポーツ財団）

『テレビスポーツデータ年鑑』（ニホンモニター）

『放送研究と調査』（NHK 放送文化研究所）

『ランナーズ』（アールビーズ）

『アド・スタディーズ』（吉田秀雄記念事業財団）

『Sport Management Review』（アンサングヒーロー／データスタジアム）

## ■著者紹介

海老塚　修（えびづか　おさむ）

東京都出身。慶應義塾大学経済学部卒業。現在、桜美林大学客員教授（ビジネスマネジメント学群）。1974年電通に入社後、主にスポーツマーケティングに関する業務を担当。FIFAワールドカップ、世界陸上、オリンピックなどの国際イベントのセールス・オペレーション、権利交渉を数多く経験した。2005年より慶應義塾大学大学院健康マネジメント研究科スポーツマネジメント専修講師（非常勤）、2010年より同大学院教授。日本BS放送番組審議委員、大崎企業スポーツ事業研究助成財団情報交流委員、などを務める。著書に、『スポーツマーケティングの世紀』（電通）、『バリュースポーツ』（遊戯社）、共著に『スポーツアドバンテージブックレット』（創文企画）などがある。

## マーケティング視点のスポーツ戦略

2017年12月8日　第1刷発行

著　者　　海老塚　修
発行者　　鴨門裕明
発行所　　㈲創文企画
　　　　　〒101－0061　東京都千代田区三崎町3－10－16　田島ビル2F
　　　　　TEL：03－6261－2855　FAX：03－6261－2856
　　　　　http://www.soubun-kikaku.co.jp
装　丁　　松坂　健（Two Three）
印　刷　　壮光舎印刷㈱

©2017 OSAMU EBIZUKA　　　　　　　　　ISBN 978-4-86413-101-8